JN123986

事例解説

専門家が教える空き家の売り方

空き家の譲渡所得に係る
課税特例のすべて

確定申告だけでなく
相続前からプランニング！ 空き家特例

初心者から税理士の方まで
空き家特例に焦点を当てた実務書

令和6年1月1日から適用される
改正にも対応!!

税理士・不動産鑑定士
松本 好正 著

一般財団法人 大蔵財務協会

■ 目　　次 ■

I　空き家特例制度の概要

1

そういう点では、一つの事務所に拙書が一つあっても決して無駄になるものではないと信じております。

今後、政府が発表している数値などを見ても、祖父母又は両親が亡くなったことを契機として、空き家の数が増えていくことは想像し易く、それに合わせて本特例の適用も増えていくことが予想されます。

空き家を譲渡した結果、本特例がたまたま適用できたのでよかったというのではなく、事前対策として適用要件を満たすように準備し、計画的に空き家の売却を行い、税負担の軽減を図ることが相続税対策と言えるのではないでしょうか。

本書を一読して、計画的に本特例を適用することができたという話が聞ければ幸いです。

最後になりますが、本書の企画から発刊に至るまでご尽力をいただいた大蔵財務協会の木村理事長はじめ、出版編集部の方々に感謝いたします。

令和6年1月吉日

松本　好正

はしがき

　この度、「事例解説　専門家が教える空き家の売り方」を発刊することになりました。

　私は、税理士として開業して約16年になりますが、その前は東京国税局・税務署に約20年間勤務しておりました。税務署等では、資産税関係の仕事に従事し、主に相続税関係、譲渡所得税関係事務に携わっていましたが、譲渡所得の中でも、自己の居住用不動産の譲渡は申告件数も多かったため、一通りのことは理解しているつもりです。

　ところで、平成28年4月1日より施行されている、通称「空き家特例」（以下、「本特例」といいます。）は、空き家の解消を税制面から支援する新しい法律であり、「自己の居住用不動産を譲渡した場合の特別控除」の規定を準用しているとはいえ、要件等において独自のものもかなりあり、改めて知識習得の必要があると思いました。

　また、私は、東京税理士会の相談員も務めておりますが、本特例の認知度が未だ低いためか、本特例に関する質問は多く、これらが本書執筆の動機付けとなりました。

　さて、日本国の家族状況は、第2次世界大戦後の高度経済成長の過程で大都市への人口集中等により、3世代家族等の大家族が減少して核家族化が進み、現在では、それに加えて単身世帯が多くなってきている状況にあります。平成30年の住宅・土地統計調査によると、現在の空家数は全国で349万戸（利用目的のないもの）であり、令和12年には470万戸に膨れ上がるという予測もされております。こうした空き家の解消に向けて税制面から支援しているのが本特例であるわけですが、国税庁から公表されている質疑応答事例、情報などは未だ少なく、適用要件について戸惑うこともあ

るというのが現状かと思います。

　さらに、親からの相続により取得した財産に係る税負担という見地に立った場合、亡親の相続に際して相続税の負担がなかったとしても、相続した居住用不動産を譲渡することにより、譲渡所得税を多く負担することになるのであれば、結果は同じことと言えます。

　本特例は、一人で住んでいた親の居住用不動産を、そのままの状態で譲渡した場合に、相続した相続人ごとに、3,000万円の特別控除が受けられる制度ですが（令和6年からは相続人が3人以上の場合1人あたり2,000万円の特別控除）、相続した建物を取壊した後、一時的に貸駐車場として利用したり、居住の用に供したりすると適用できません。また、相続に関しても、亡親の家を相続後、売却する予定であるのであれば複数の相続人で相続し、各相続人がそれぞれ特別控除を使った方が、税制上のメリットは大きいです。

　こうした点を考えると、本特例に関する知識は、譲渡所得税の申告の時だけでなく、相続税対策を含めたプランニングのためにも必要があるということができます。

　先ほど少し触れましたが、本特例の適用要件には、対象譲渡の対価の額が1億円を超えないことに加え、特例適用前譲渡及び特例適用後譲渡の対価の額を含めて1億円を超えてはいけないことや、亡くなる前に一人で居住してた親の身体が不自由になったからといって、同居してしまうと本特例の適用が困難になる（老人ホームに転居させるにしても、その直前は一人で居住している必要があります。）など、従来の自己の居住用不動産を譲渡した場合の特例と異なる点が多々あります。

　そこで、本書は、そうした適用要件について分かり易くということを意識して「空き家特例」に焦点を当てて内容の濃いものにしたつもりです。

参考法令等

I

空き家特例制度の概要

❶　空き家特例制度創設の趣旨

　　住宅地域の生活環境に悪影響を及ぼし得る空き家数（「その他の住宅」^{（注）}）
は、平成30年住宅・土地統計調査時点において347万戸で、平成15年時と
比較して約1.6倍に増加しており、令和12年までには470万戸まで達すると
予測されています。そして、これらの空き家のうち、約3／4は昭和56年
5月31日以前の耐震基準（いわゆる「旧耐震基準」）の下で建築されてお
り、また、旧耐震基準の家屋の約半数は耐震性がないものと推計されてい
ます。

　　こうした空き家は、相続の機会に発生するものが過半以上と言われてい
ますが、空き家を早期に譲渡することにより空き家の解消を図ることを税
制面から支援する制度として、相続により生じた空き家（旧耐震基準の下
で建築されたもの）を相続人が必要な耐震改修又は当該家屋又は建物を取
り壊して更地で売却した場合の譲渡所得について特別控除（3,000万円）
制度が創設されました。

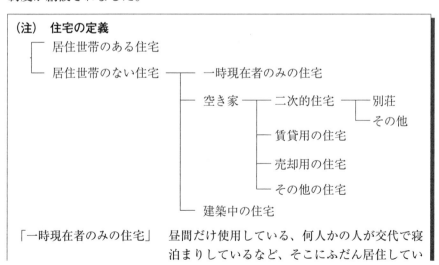

（注）　住宅の定義
```
┌ 居住世帯のある住宅
│
└ 居住世帯のない住宅 ─┬─ 一時現在者のみの住宅
                      │
                      ├─ 空き家 ─┬─ 二次的住宅 ─┬─ 別荘
                      │           │              └─ その他
                      │           │
                      │           ├─ 賃貸用の住宅
                      │           │
                      │           ├─ 売却用の住宅
                      │           │
                      │           └─ その他の住宅
                      │
                      └─ 建築中の住宅
```
「一時現在者のみの住宅」　　昼間だけ使用している、何人かの人が交代で寝
　　　　　　　　　　　　　　泊まりしているなど、そこにふだん居住してい

		る者が一人もいない住宅
「空き家」二次的住宅		
	別荘……	週末や休暇時に避暑・避寒・保養などの目的で使用される住宅で、ふだんは人が住んでいない住宅
	その他……	ふだん住んでいる住宅とは別に、残業で遅くなったときに寝泊まりするなど、たまに寝泊まりしている人がいる住宅
	賃貸用の住宅	新築・中古を問わず、賃貸のために空き家になっている住宅
	売却用の住宅	新築・中古を問わず、売却のために空き家になっている住宅
	その他の住宅	上記以外の人が住んでいない住宅で、例えば、転勤・入院などのため居住世帯が長期にわたって不在の住宅や建て替えなどのために取り壊すことになっている住宅など（空き家の区分の判断が困難な住宅を含む）
「建築中の住宅」		住宅として建築中のもので、棟上げは終わっているが、戸締まりができるまでにはなっていないもの

（参照：国土交通省HP「空き家の分類」）

❷　空き家特例制度の内容

1　制度の概要

　相続又は遺贈（贈与者の死亡により効力を生ずる贈与を含みます。以下同じです。）により、被相続人が居住用として利用していた家屋及び敷地等を取得した相続人（包括受遺者を含みます。以下同じです。）が、平成28年4月1日から令和9年12月31日までの間に相続等により取得した家屋及びその敷地等を譲渡した場合（一定の要件を満たす場合に限ります。）

3

には、自己の居住用財産を譲渡した場合に該当するものとみなして、居住用財産の譲渡所得の特別控除（3,000万円）を適用できる（以下、「本特例」といいます。）制度が創設されました（措法35③）。

※1　令和元年度の税制改正により、それまで令和元年12月31日までとされていた本特例の適用期間が令和5年12月31日までに延長されるとともに、相続開始直前において被相続人の居住の用に供されていなかった家屋であっても、それが被相続人の居住の用に供することができない特定事由（要介護認定などにより老人ホーム等に入居など）による場合には、居住の用に供されなくなる直前まで被相続人の居住の用に供されていた家屋及びその敷地等が一定の要件の下、本特例の対象となることになりました。

※2　令和5年度の税制改正により、これまで令和5年12月31日までとされていた本特例の適用期間が令和9年12月31日までに延長されるとともに、特例対象となる譲渡についても、これまで家屋の譲渡の場合には、譲渡時までに当該家屋の耐震改修工事が完了した場合又は土地等の譲渡の場合は、譲渡時までに家屋を取壊し更地とした場合が対象でしたが、売買契約に基づき、譲渡後、譲渡の日の属する年の翌年2月15日までに当該建物の耐震改修工事又は取壊しを行った場合でも、適用対象になることとされました（この拡充は令和6年1月1日以降の譲渡が対象です。）。

> **（参考）　居住用財産の譲渡をした場合の特別控除（3,000万円）の概要**
>
> 　現に自己の居住の用に供している家屋及びその敷地等を譲渡した場合又は自己の居住の用に供していた家屋及びその敷地等をその居住の用に供されなくなった日から3年を経過する日の属する年の12月31日までに譲渡した場合には、居住用財産の買換え等の特例との選択により、3,000万円の特別控除の適用ができることとされています。

2　本特例の対象となる被相続人居住用家屋及び敷地等

　本特例の対象となる相続又は遺贈（以下、「相続等」といいます。）により取得をした「被相続人居住用家屋」及び「被相続人居住用家屋の敷地等」とは、次の要件を満たす家屋及び土地等をいうとされています（措法35③）。

　なお、次の(1)被相続人居住用家屋及び(2)被相続人居住用家屋の敷地等に該当するか否かは、相続開始の直前の現況により判定することとされています。

(1)　被相続人居住用家屋

　被相続人居住用家屋は、次の要件を満たす家屋をいい、相続等の時後にその家屋に増築、改築、修繕又は模様替え（以下、「増築等」といいます。）を施した場合の当該部分を含みます（措法35③一、措令23⑧）。

　ただし、その家屋の全部が取り壊された後及び全部が除却された後並びにその全部が消滅した後に行われる改築は除かれます。

　なお、令和5年度の税制改正において、これまでは居住用家屋を譲渡する場合には、譲渡時まで耐震改修工事を施したもの又は更地譲渡する場合には、譲渡時まで建物等の取り壊し等が完了していることが条件でしたが、売買契約に基づき、譲渡後、譲渡の日の属する年の翌年2月15日までに当該建物の耐震改修工事又は建物等の取り壊しを行った場合でも適用が可能となりました（適用対象は令和6年1月1日以降の譲渡）。

【被相続人居住用家屋】

イ	相続開始直前において、被相続人（包括遺贈者を含みます。以下同じです。）の居住の用に供されていた家屋
ロ	その家屋は、昭和56年5月31日以前に建築された家屋であること。

ハ	その家屋は、建物の区分所有等に関する法律第1条の規定に該当する建物（区分所有建物）でないこと。
ニ	相続開始直前において、その家屋に被相続人以外に居住していた者がいなかったこと。
ホ	相続開始直前において、被相続人が主として居住の用に供していたと認められる一の建築物であること。
ヘ	被相続人が居住の用に供することができない特定事由があり一定の要件を満たす場合には、居住の用に供することができなくなる直前まで被相続人が居住していた家屋であること。

イ　相続開始直前において、被相続人の居住の用に供されていた家屋

　本特例は、相続開始直前において、被相続人の居住の用に供されていた家屋が対象となっていますので、被相続人が相続開始直前において老人ホーム等に入居していて、既にその家屋を居住の用に供していなかった場合には、原則として、本特例の対象となる被相続人の居住用家屋には該当しないこととなります。

　しかし、この点は令和元年度の税制改正において改正され、被相続人の居住の用に供されていた家屋が特定事由により、居住の用に供されなくなった場合には、一定の要件を満たすことを条件として、居住の用に供されなくなる直前にその被相続人の居住用に供されていた家屋が被相続人居住用家屋として扱われることになりました（詳細は後記ヘを参照ください。）。

　なお、「相続開始直前において、被相続人の居住の用に供されていた家屋」に該当するかどうかは、相続開始時の現況により判断します（措通31の3-2）。

ロ　その家屋は、昭和56年5月31日以前に建築されたものであること

　本特例は、周辺住民の生活環境の悪化をもたらす空き家問題の解消を後押しすることを目的として創設された制度ですので、対象となる建物は、倒壊の危険性のある耐震基準を満たさない家屋が対象となります。

　具体的には、旧耐震基準の下で建築された家屋が対象となりますが、昭和56年5月31日以前にその建築工事に着手したことが書面等により明らかなものも含まれることとなります。

ハ　その家屋は、建物の区分所有等に関する法律第1条の規定に該当する
　建物（区分所有建物）でないこと

　「建物の区分所有等に関する法律第1条の規定に該当する建物」とは、一棟の建物に構造上区分された数個の部分をその独立した部分ごとに所有権の目的とすることができる建物を指します。ただし、構造上、区分所有登記のできる建物が当然に区分所有建物に該当するわけではなく、区分所有の意思を表示する必要があると解されていることから、通常は区分所有建物である旨の登記がされている建物となります。

　したがって、二世帯住宅やマンションなど、構造上、区分所有が可能な建物であっても、区分所有建物である登記がされておらず、単に共有の登記がされている建物はこれに含まれません（措通35-11）。

　一方で、区分所有建物である旨の登記がされている二世帯住宅やマンションは本特例の適用対象とはなりません。

ニ　相続開始の直前において、その家屋に被相続人以外に居住をしていた
　者がいなかったこと

　「被相続人以外に居住をしていた者」とは、相続開始直前において、被相続人の居住の用に供されていた家屋を生活の拠点として利用していた被

相続人以外の者のことをいいますので、被相続人の親族のほか、賃借等により被相続人の居住の用に供されていた家屋の一部に居住していた者も含まれます（措通35-12）。

　したがって、これらの者がいる場合には、本特例は適用できません。

　なお、特定事由により被相続人が居住の用に供することができない家屋等の場合には、特定事由により当該家屋が居住の用に供されなくなる直前において被相続人以外に居住していた者がいないことが要件となります。

ホ　相続開始の直前において、被相続人が主として居住の用に供していたと認められる一の建築物であること

　被相続人の居住の用に供されていた家屋が、例えば、主として被相続人の居住の用に供されていた母屋のほか用途上不可分な関係にある別棟の離れ、倉庫、蔵、車庫などの複数の建築物があり、母屋と一体として居住の用に供していたときであっても、その母屋部分のみが本特例の対象となる被相続人居住用家屋に該当することとなります。

　この一の建築物とは、一棟の建築物をいいますので、例えば、主として居住の用に供していた母屋とは別棟の離れが渡り廊下で繋がっている場合や主として居住の用に供していた母屋とは別棟の離れがその母屋の附属建物として登記されている場合には、その母屋とその別棟の離れがそれぞれ一の建築物に該当しますが、その母屋部分のみが本特例の対象となる被相続人居住用家屋に該当することとなります。

　また、「被相続人が主として居住の用に供していたと認められる一の建築物」と他の建築物とが用途上不可分な関係にあるかどうかは社会通念に従って、相続開始直前の現況で判定し、これらの建築物の所有者が同一であるかどうかは問いません（措通35-14）。

ヘ　被相続人に居住の用に供することができない特定事由があり一定の要
　件を満たす場合には、居住の用に供されなくなる直前の被相続人の居住
　用家屋

　へについては令和元年度の税制改正で追加されたものであり、後記(4)で
説明します。

(2)　被相続人居住用家屋の敷地等

　被相続人居住用家屋の敷地等とは、相続開始の直前（又は特定事由によ
り被相続人の居住の用に供されなくなる直前。以下同じです。）において
前記(1)の被相続人居住用家屋の敷地の用に供されていた土地又はその土地
の上に存する権利（以下「土地等」といいます。）をいいます（措法35④）。

　この場合において、「被相続人居住用家屋の敷地等」に該当するか否か
は、社会通念に従って、その土地等が相続開始の直前において被相続人居
住用家屋と一体として利用されていた土地等であったかどうかにより判定
します（措通35-13）。

　また、相続開始直前における被相続人居住用家屋の敷地等の利用状況が、
用途上不可分の関係にある2以上の建築物のある一団の土地であった場合
には、その土地等のうち本特例の対象となるのは、母屋部分の敷地となり
ますが次の算式により計算した面積に係る土地部分に限られます（措令23
⑨）。

　なお、これらの建築物について、相続の時後（又は、特定事由により被
相続人の居住の用に供されなくなった時後）に増築や取り壊し等があった
場合であっても、次の算式における床面積は、相続開始直前における現況
に基づいて計算します（措通35-13）。

≪算式≫

$$\left[\begin{array}{c}\text{一団の土地}\\\text{の面積(A)}\end{array} \times \dfrac{\begin{array}{c}\text{相続開始直前に一団の土地にあった}\\\text{被相続人居住用家屋の床面積(B)}\end{array}}{\begin{array}{c}\text{(B)＋相続開始直前に一団の土地にあっ}\\\text{た被相続人居住用家屋以外の建築}\\\text{物の床面積(C)}\end{array}}\right] \times \dfrac{\begin{array}{c}\text{譲渡した土地}\\\text{等の面積(D)}\end{array}}{\text{(A)}}$$

(A)：一団の土地等の面積。なお、被相続人以外の者が相続開始直前に所有していた土地等も含めます。

(B)：相続開始直前に一団の土地にあった被相続人居住用家屋の床面積

(C)：相続開始直前に一団の土地にあった被相続人居住用家屋以外の建築物の床面積

(D)：被相続人から相続等により取得した被相続人居住用家屋の敷地のうち譲渡した土地等の面積

　前記(1)のとおり、例えば、被相続人が主として居住の用に供していた母屋のほか、別棟の離れ、倉庫、蔵、車庫などが一団の土地にある場合には、たとえその別棟の離れ、倉庫、蔵、車庫などが母屋と一体として居住の用に供されていたときであっても、その母屋部分のみが被相続人居住用家屋に該当することとなりますので、被相続人居住用家屋の敷地等についても、上記算式の(B)（母屋）及び(C)（別棟の離れ、倉庫、蔵、車庫などの床面積）の床面積の合計のうちに占める(B)（母屋）の床面積の割合を乗じた部分が被相続人居住用家屋の敷地等となります。

　なお、この場合において、本特例の適用対象となる被相続人居住用家屋の敷地等の譲渡は、相続等により取得をした部分の譲渡に限られます（措法35③）ので、本特例の適用を受けることができる土地は、その一団の土地の面積に前記算式(B)及び(C)の床面積の合計のうちに占める(B)の床面積の

割合を乗じた部分に、その一団の土地の面積のうちに占める相続等により取得をした部分で、かつ、譲渡をした部分の割合を乗じた部分に限られることとなります。

（注）　前記算式(B)（母屋）及び(C)（別棟の離れ、倉庫、蔵、車庫などの床面積）の床面積の合計は、その母屋及び別棟の離れ、倉庫、蔵、車庫の登記の有無や所有者に関係なくこれらの合計した床面積となります。

(3)　被相続人居住用家屋又はその敷地等が店舗兼住宅であった場合

　被相続人居住用家屋又は被相続人居住用家屋の敷地等が店舗兼住宅など他の用途に供されていた場合には、本特例の適用対象は、被相続人の居住の用に供されていた部分に限られます。したがって、本特例の対象となる被相続人居住用家屋及びその敷地の範囲は、相続開始直前における利用状況により次の算式により計算します（措通35-15、31の3-7）。

　なお、譲渡した被相続人居住用家屋の床面積が、相続の時後（又は特定事由により被相続人の居住の用に供されなくなった時後）に施工された増築等により大きくなったり又は小さくなったりしても相続開始直前における現況に基づいて計算します。

イ　家屋のうちその居住の用に供している部分は、次の算式により計算した面積に相当する部分とする。

≪算式≫

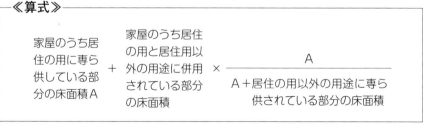

ロ　土地等のうちその居住の用に供している部分は、次の算式により計算
　した面積に相当する部分とする。

```
≪算式≫
                                     当該家屋の床面積のうち
                                     イの算式により計算した
  土地等のうち居      土地等のうち居住の      床面積
  住の用に専ら供   ＋  用と居住用以外の用   ×  ─────────────────
  している部分の      途に併用されている      当該家屋の床面積
  土地の面積         部分の土地の面積
```

　また、上記イの割合又はロの割合がおおむね90%以上となるときは、全
てが居住用部分に該当するものとして計算しても差し支えありません（措
通31の3-8）。

(4) 被相続人が老人ホーム等に入居していたため、相続開始直前において居住の用に供することができなかった家屋及びその敷地

　本特例の対象となる被相続人居住用家屋は、前記(1)イのとおり、相続開
始直前において被相続人の居住の用に供されていたことが要件とされてい
ます。

　しかし、その者の身体上又は精神上の理由により介護を受ける必要があ
るため、老人ホーム等に入居し自宅を離れざるをえなくなる一方で、実際
には自宅を離れた後も一時的に元の自宅に戻り、又は元の自宅を家財置き
場として利用している場合もあります。こうした場合には、その者が老人
ホーム等に入居しても一律に元の自宅から生活の拠点を移したとはいえず、
元の自宅がその時点から空き家になったとはいえないことから、被相続人
が相続開始直前において老人ホーム等に入居していても、一定の要件の下
で本特例を適用することができるように令和元年に改正が行われました。

　すなわち、被相続人が居住の用に供することができない特定事由により、

相続開始直前において、被相続人の居住の用に供されていなかった家屋であっても、「対象従前居住の用に供されていた家屋及びその敷地等」であれば本特例の対象となる被相続人居住用家屋及び被相続人居住用家屋の敷地等に含まれることになりました。

イ　対象従前居住の用に供されていた家屋及びその敷地

　「対象従前居住の用に供されていた家屋及びその敷地」とは、特定事由により相続開始直前において家屋が被相続人の居住の用に供されていなかった場合における特定事由により居住の用に供されなくなる直前のその被相続人の居住の用に供されていた家屋及びその敷地をいいます（措法35④、措令23⑦）。

　なお、この場合でも無条件に本特例の対象となるのではなく、特定事由により被相続人居住用家屋が被相続人の居住の用に供されなくなった時から相続開始の直前まで、次の①～③の要件を全て満たす必要があります。

①	引き続き被相続人居住用家屋が被相続人の物品の保管その他の用に供されていたこと。
	例えば、被相続人の居住の用に供されなくなった後も相続開始の直前まで引き続きその自宅が被相続人の家財置き場等として使用されていた場合には、この要件を満たすことになります。
②	被相続人居住用家屋が事業の用、貸付けの用又は当該被相続人以外の者の居住の用に供されていないこと。
③	被相続人が老人ホーム等に入居等をした時から相続開始の直前までの間において、被相続人の居住の用に供する家屋が2以上ある場合には、これらの家屋のうち、老人ホーム等が被相続人が主としてその居住の用に供していた一の家屋に該当するものであること。
	例えば、被相続人が老人ホーム等に入居したことにより、それ以前に

> 居住の用に供していた家屋を居住の用に供しなくなった後、その被相続
> 人の生活の本拠が老人ホーム等ではなく親族の自宅に移っている場合に
> は、この要件を満たさないものと考えられます。

ロ　特定事由

　前記イでいう「特定事由」とは次の事由をいいます（措令23⑥）が、次
の要介護認定若しくは要支援認定若しくは障害支援区分の認定を受けてい
たかどうか又は介護保険法施行規則第140条の62の4第2号に該当してい
たかどうかは、特定事由により被相続人居住用家屋が被相続人の居住の用
に供されなくなる直前において判定します。

(イ)　介護保険法第19条第1項に規定する要介護認定又は同条第2項に規定
　　する要支援認定を受けていた被相続人及びその他これに類する被相続
　　人(注)が次に掲げる施設に入居又は入所をしていたこと。

　　ⅰ　老人福祉法第5条の2第6項に規定する認知症対応型老人共同生活
　　　援助事業が行われる住居、同法第20条の4に規定する養護老人ホーム、
　　　同法第20条の5に規定する特別養護老人ホーム、同法第20条の6に規
　　　定する軽費老人ホーム又は同法第29条第1項に規定する有料老人ホー
　　　ム（老人福祉法5条の2①、20条の4、20条の5、20条の6、29条の
　　　1①）

　　ⅱ　介護保険法第8条第28項に規定する介護老人保健施設又は同条第29
　　　項に規定する介護医療院

　　ⅲ　高齢者の居住の安定確保に関する法律第5条第1項に規定するサー
　　　ビス付き高齢者向け住宅（ⅰに規定する有料老人ホームを除きます。）

（注）　その他これに類する被相続人
　「その他これに類する被相続人」とは、特定事由により被相続人居住用家
屋が被相続人の居住の用に供されなくなる直前において、介護保険法施行規

則第140条の62の４第２号に該当していた者をいいます（措規18の２③）。
　具体的には、厚生労働大臣が定める基準（基本チェックリスト）に該当する者をいい、要介護認定等を受けていない場合であっても、この基本チェックリストに該当することにより、介護予防・生活支援サービス事業によるサービスを受けることができます。

(ロ)　障害者の日常生活及び社会生活を総合的に支援するための法律第21条第１項に規定する障害支援区分の認定を受けていた被相続人が、同法第５条第11項に規定する障害者支援施設（同条第10項に規定する施設入所支援が行われるものに限ります。）又は同条第17項に規定する共同生活援助を行う住居に入所又は入居をしていたこと。

ハ　本特例の対象となる対象従前居住の用に供されていた被相続人居住用家屋及び被相続人居住用家屋の敷地等の範囲
　特定事由により養護老人ホームに住居を移転した場合に本特例の対象として認められる対象従前居住の用に供されていた被相続人居住用家屋及び被相続人居住用家屋の敷地等は、次のとおりとされています（措法35④）。
　なお、次のⅰ及びⅱに該当するかどうかは、特定事由により家屋が被相続人の居住の用に供されなくなる直前の現況において判定することとなります。

ⅰ　対象従前居住の用に供されていた被相続人居住用家屋
　「対象従前居住の用に供されていた被相続人居住用家屋」とは、特定事由により家屋が被相続人の居住の用に供されなくなる直前において、その被相続人の居住の用に供されていた家屋であって、次の要件を満たす被相続人が主としてその居住の用に供していたと認められる一の建築物に限るとされています（措法35④、措令23⑧）。

イ	特定事由により家屋が被相続人の居住の用に供されなくなる直前において、被相続人の居住の用に供されていた家屋。
ロ	その家屋は、昭和56年5月31日以前に建築されたものであること。
ハ	その家屋は、建物の区分所有等に関する法律第1条の規定に該当する建物（区分所有建物）でないこと。
ニ	特定事由により家屋が被相続人の居住の用に供されなくなる直前において、その被相続人以外に居住していた者がいなかったこと。
ホ	特定事由により家屋が被相続人の居住の用に供されなくなる直前において、被相続人が主として居住の用に供していたと認められる一の建築物であること。

　なお、上記の具体的な要件は、6ページ以降を参照ください。

ⅱ　対象従前居住の用に供されていた被相続人居住用家屋の敷地等

　「対象従前居住の用に供されていた被相続人居住用家屋の敷地等」とは、特定事由により被相続人の居住の用に供されなくなる直前において前記ⅰの被相続人居住用家屋の敷地の用に供されていたと認められる土地等をいうとされています。

　なお、その居住の用に供されなくなる直前において、その土地が用途上不可分の関係にある2以上の建築物のある一団の土地であった場合には、その土地等のうち本特例の対象となるのは、次の算式により計算した面積に係る土地部分に限られます（措法35④、措令23⑨）。

　なお、次の算式の具体的な説明は10ページ以降を参照ください。

≪算式≫

一団の土地
の面積(A) × 居住の用に供されなくなる直前に一団の土
地にあった被相続人居住用家屋の床面積(B)
─────────────────────────
(B)＋居住の用に供されなくなる直前に一団の土地にあ
った被相続人居住用家屋以外の建築物の床面積(C)

(A) 一団の土地の面積。なお、被相続人以外の者が所有していた土地等を含めます。

(B) 居住の用に供されなくなる直前に一団の土地にあった被相続人居住用家屋の床面積

(C) 居住の用に供されなくなる直前に一団の土地にあった被相続人居住用家屋以外の建築物の床面積

(注) 前記算式(B)（母屋）及び(C)（別棟の離れ、倉庫、蔵、車庫などの床面積）の床面積の合計は、その母屋及び別棟の離れ、倉庫、蔵、車庫の登記の有無や所有者に関係なくこれらの合計した床面積となります。

(5) 本特例の適用を受けられる者

　本特例を受けられる者は、相続又は遺贈により被相続人が居住していた被相続人居住用家屋及び敷地等を取得した相続人とされています（措法35③）。すなわち、「被相続人居住用家屋」と「被相続人居住用家屋の敷地等」との両方を取得した相続人が本特例の適用を受けることができます。

　したがって、相続等により被相続人居住用家屋を長男、被相続人居住用家屋の敷地を次男が取得しているような場合には、両者とも本特例の適用を受けることはできません。

⑹ 本特例の対象となる譲渡

本特例の対象となる譲渡とは、次のイ～ロ要件を満たす譲渡（以下「対象譲渡」といいます。）をいいます。

イ 適用期間の要件

平成28年4月1日から令和9年12月31日までの間であって、相続開始があった日から同日以後3年を経過する日の属する年の12月31日までの間に行った譲渡であること（措法35③）。

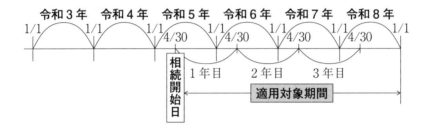

ロ 譲渡価額の要件

譲渡の対価の額が1億円を超えるものでないこと（措法35③）。

なお、相続等により被相続人居住用家屋又はその敷地等の取得をした相続人が一定期間内に一定の譲渡（適用前譲渡及び適用後譲渡）をした対価の額と対象譲渡に係る対価の額の合計額が1億円を超える場合にも、本特例を適用できないこととされています（措法35⑤⑥）。

この点は後記⑺で説明します。

ハ 譲渡資産の要件

次の㈠又は㈡に該当する資産の譲渡であることが要件とされています（措法35③）。

(イ)　被相続人居住用家屋を譲渡する場合（被相続人居住用家屋のみの譲渡
　　又は被相続人居住用家屋及びその敷地の譲渡の場合）

　　相続等により取得をした次の①及び②の要件を満たす被相続人居住用
家屋の譲渡又はその被相続人居住用家屋とともにその相続等により取得
をした次の要件を満たす被相続人居住用家屋の敷地等の譲渡

〔被相続人居住用家屋の要件〕

①	その家屋は相続時から譲渡時まで事業の用、貸付けの用又は居住の用（以下、これらを併せて「事業等の用」といいます。）に供されていたことがないこと。 この場合の貸付けには、無償で行われる貸付けも含まれます。次の(ロ)も同じです。
②	その家屋は譲渡時において地震に対する安全性に係る規定又は基準として一定のもの^(注)に適合するものであること。

〔被相続人居住用家屋の敷地の要件〕

相続等により取得した被相続人居住用家屋の敷地等で、その家屋と伴に譲渡されるもので、かつ、相続等の時から譲渡の時まで事業等の用に供されたことがないこと。

(注)　上記の「地震に対する安全性に係る規定又は基準として一定のもの」は、建築基準法施行令第3章及び第5章の4の規定又は国土交通大臣が財務大臣と協議して定める地震に対する安全性に係る基準とされています（措法35③一ロ、措令23⑤、平成17年国土交通省告示第393号）。この基準は「平成18年国土交通省告示第185号において定める地震に対する安全上耐震関係規定に準ずるものとして国土交通大臣が定める基準」とされ、具体的には、建築物の耐震改修の促進に関する法律第4条第2項第3号に掲げる建築物の耐震診断及び耐震改修の実施について技術上の指針となるべき事項に定めるところにより耐震

診断を行った結果、地震に対して安全な構造であることが確かめられることとされています（平成18年国土交通省告示第185号）。

　なお、令和5年の税制改正により、上記②について譲渡の年の翌年2月15日までに被相続人居住用家屋が耐震基準に適合していれば、本特例の適用が可能となりました（詳細は、後記 **4** を参照ください。）。

㈹　被相続人居住用家屋の取壊し等の後、被相続人居住用家屋の敷地等を譲渡する場合（更地譲渡の場合）

　相続等により取得をした次の要件を満たす被相続人居住用家屋の全部を取壊し若しくは除却をした後又はその全部を滅失した後、次の要件を満たす被相続人居住用家屋の敷地等の譲渡

〔被相続人居住用家屋の要件〕

①	譲渡の前に被相続人居住用家屋が全て取り壊され、若しくは除却されていること又はその全てが滅失していること。(注)
②	相続等の時から取り壊し、除却、又は滅失の時まで事業等の用に供されたことがないこと。

〔被相続人居住用家屋の敷地の要件〕

①	相続時から取壊し、除却又は滅失の時まで事業等の用に供されていたことがないこと。
②	相続時から譲渡時まで事業等の用に供されていたことがないこと。
③	被相続人居住用家屋の取壊し、除却又は滅失の時から譲渡時まで建物又は構築物の敷地の用に供されていたことがないこと。

　(注)　令和5年度の税制改正により、更地譲渡のケースについて、譲渡の年の翌年2月15日までに被相続人居住用家屋の取壊しが完了していれば本特例の適用が可能となりました（詳細は、後記 **4** を参照ください。）。

ニ　譲渡先が特別の関係がある者でないこと及び他の譲渡所得の特例の適
　用を受けていないこと

　　次の譲渡に該当しないことが要件とされています（措法35②③）。

　　なお、この適用除外に該当するか否かは譲渡をした時において判定しま
すが、②の「適用対象者とその家屋に居住する者」に該当するか否かにつ
いては、その譲渡がされた後の状況により判定します。

㈵　次の者に対する譲渡（措法35②一、措令20の3①、23②）

①	本特例の適用を受ける者（以下、「適用対象者」といいます。）の配偶者及び直系血族
②	適用対象者の親族（上記①の者を除きます。②において同じです。）で適用対象者と生計を一にしている者及び適用対象者の親族で家屋の譲渡がされた後、適用対象者とその家屋に居住する者
③	適用対象者と婚姻の届出をしていないが事実上婚姻関係と同様の事情にある者及びその者の親族でその者と生計を一にしている者
④	上記①から③までの者及び適用対象者の使用人以外の者で適用対象者から受ける金銭その他の財産によって生計を維持している者及びその者の親族でその者と生計を一にしている者
⑤	適用対象者、適用対象者の上記①及び②の親族、適用対象者の使用人若しくはその使用人の親族でその使用人と生計を一にしている者又は適用対象者に係る上記③及び④の者を判定の基礎となる所得税法第2条第1項第8号の2に規定する株主等とした場合に法人税法施行令第4条第2項に規定する特殊の関係その他これに準ずる関係のあることとなる会社その他の法人

㈺　次の特例の適用を受ける譲渡（措法35②一、③）

　　被相続人居住用家屋及びその敷地の譲渡に際し、次の特例の適用を受

ける場合には、本特例の適用はできません。

①	固定資産の交換の場合の譲渡所得の特例（所法58）
②	収用等に伴い代替資産を取得した場合の課税の特例（措法33）
③	交換処分等に伴い資産を取得した場合の課税の特例（措法33の2）
④	換地処分等に伴い資産を取得した場合の課税の特例（措法33の3）
⑤	収用交換等の場合の譲渡所得等の特別控除（措法33の4）
⑥	特定の事業用資産の買換えの場合の譲渡所得の課税の特例（措法37）
⑦	特定の事業用資産を交換した場合の譲渡所得の課税の特例（措法37の4）
⑧	特定普通財産とその隣接する土地等の交換の場合の譲渡所得の課税の特例（措法37の8）
⑨	相続財産に係る譲渡所得の課税の特例（措法39）

（注1） 本特例は、「居住用財産の譲渡をした場合の3,000万円特別控除」と同様に、次の特例については、これらの特例の条項において、本特例の適用を受ける譲渡又は本特例の適用を受ける土地若しくは土地の上に存する権利については、その対象から除外することとする特例の適用における重複排除がなされています。
1 優良住宅地の造成等のために土地等を譲渡した場合の長期譲渡所得の課税の特例（措法31の2④）
2 特定土地区画整理事業等のために土地等を譲渡した場合の譲渡所得の特別控除（措法34①）
3 特定住宅地造成事業等のために土地等を譲渡した場合の譲渡所得の特別控除（措法34の2①）
4 特定の土地等の長期譲渡所得の特別控除（措法35の2②）
5 既成市街地等内にある土地等の中高層耐火建築物等の建設のための買換え及び交換の場合の譲渡所得の課税の特例（措法37の5①）

（注2）　本特例は、相続開始直前において被相続人が被相続人の居住用家屋に1人で居住をしていたことが要件とされています。よって相続人は別に生活の本拠としている住宅があることから、「自己の居住用財産の譲渡をした場合の3,000万円特別控除」とは異なり、次の特例については、これらの特例の各条項において重複適用を排除する規定から本特例の規定を除くこととされ、本特例と次の特例との重複適用が可能とされています。

1　特定の居住用財産の買換えの場合の長期譲渡所得の課税の特例（措法36の2①）

2　住宅借入金等を有する場合の所得税額の特別控除（措法41㉒㉓）

3　居住用財産の買換え等の場合の譲渡損失の損益通算及び繰越控除（措法41の5⑦一）

4　特定居住用財産の譲渡損失の損益通算及び繰越控除（措法41の5の2⑦一）

5　認定住宅の新築等をした場合の所得税額の特別控除（措法41の19の4⑪⑫）

ホ　既に本特例の適用を受けている場合の本特例の不適用

　本特例の適用を受けようとする者が、既に相続等に係る被相続人居住用家屋又は被相続人居住用家屋の敷地等の譲渡について本特例の適用を受けている場合には、本特例の適用を受けることはできないこととされています（措法35③）。

　すなわち、1回の相続につき1人の相続人ごとに1回しか本特例の適用を受けることはできません。

　なお、1回の相続につき複数の相続人がある場合において、その複数の相続人が本特例の適用要件を満たすときは、それぞれの相続人において本特例の適用を受けることができます。

⑺　対象譲渡の対価の額と適用前譲渡又は適用後譲渡の対価の額との合計額が1億円を超える場合の本特例の不適用

　本特例は、被相続人居住用家屋及びその敷地等を譲渡した場合の対価の額が1億円を超えている場合には適用できません。それに加え、居住用家屋取得相続人が対象譲渡資産一体家屋等を適用前譲渡又は適用後譲渡をしている場合において、対象譲渡の対価の額と適用前譲渡及び適用後譲渡の対価の額の合計額が1億円を超えている場合にも適用はできません。

イ　対象譲渡の対価の額と適用前譲渡の対価の額との合計額が1億円を超える場合

　相続等により被相続人居住用家屋又は被相続人居住用家屋の敷地等の取得をした相続人（包括受遺者を含みます。以下、「居住用家屋取得相続人」といいます。）が、相続時から本特例の適用を受ける者の譲渡（以下、「対象譲渡」といいます。）をした日の属する年の12月31日までの間（下記ⅰの期間）に、その対象譲渡をした資産と相続開始直前において一体として被相続人の居住の用に供されていた家屋^(注1)（被相続人が主として居住の用に供していたと認められる一の建築物に限ります。以下同じです。）又はその家屋の敷地の用に供されていたと認められる土地等^(注2)（以下、これらを「対象譲渡資産一体家屋等」といいます。）の譲渡（以下、「適用前譲渡」といいます。）を行っている場合において、適用前譲渡に係る対価の額と対象譲渡に係る対価の額との合計額が1億円を超えるときは、本特例は適用できないこととされています（措法35⑤、措令23⑩⑪）。

　なお、1億円を超えるかどうかの判定の対象となる適用前譲渡に該当するかどうかの判定は、本特例の適用を受けようとする各人の対象譲渡ごとに行うこととなります。

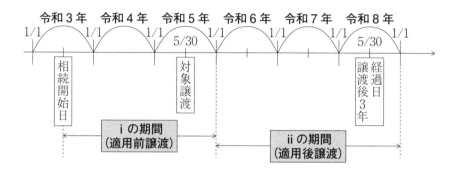

（注1）「相続開始直前において一体として被相続人の居住の用に供されていた家屋」には、相続の時後にその家屋につき行われた増築、改築（その家屋の全部の取壊し又は除却をした後にするもの及びその全部が滅失をした後にするものを除きます。）、修繕又は模様替に係る部分を含むこととされています（措法35⑤）。

（注2）「家屋の敷地の用に供されていたと認められる土地等」は、相続開始の直前においてその土地が用途上不可分の関係にある2以上の建築物のある一団の土地であった場合には、その一団の土地の面積に次の①及び②の床面積の合計のうちに占める①の床面積の割合を乗じて計算した面積に係る土地等の部分に限るものとされています（措法35⑤、措令23⑩⑪）。

$$
\text{一団の土地の面積} \times \frac{①（相続開始直前に一団の土地にあった被相続人居住用家屋の床面積）}{①+②（相続開始直前に一団の土地にあった被相続人居住用家屋以外の建築物の床面積）}
$$

① 相続開始直前に一団の土地にあった被相続人の居住の用に供されていた家屋の床面積

　　　② 相続開始直前に一団の土地にあった被相続人居住用家屋以外の建築物の床面積
(注3)　上記の「譲渡」には、譲渡所得の基因となる不動産等の貸付けを含み、次の①～③の譲渡を含まないこととされています（措法35⑤、措令23⑫⑬、24の2⑧）。

　　　なお、その譲渡が贈与又はその譲渡に係る対価の額が、対象譲渡資産一体家屋等の譲渡の時における価額の1/2に満たない金額である譲渡の場合には、その贈与又は譲渡の時における価額に相当する金額をもって、その譲渡に係る対価の額とすることとされています。

　　　下記ロにおいて同じです。
　　　① 収用交換等による譲渡（措法33の4）
　　　② 特定土地区画整理事業等のために土地等を譲渡した場合の譲渡所得の2,000万円控除万円特別控除（措法34）
　　　③ 特定住宅地造成事業等のために土地等を譲渡した場合の譲渡所得の1,500万円特別控除（措法34の2）の適用を受ける譲渡
(注4)　譲渡資産が共有である場合に、対象譲渡が1億円を超えるか否かは相続等により取得した共有持分に係る対象譲渡の額により判定します。一方で、譲渡資産に係る共有持分のうち、居住用家屋取得相続人の共有持分については適用前譲渡の額となります。

ロ　対象譲渡の対価の額及び適用前譲渡の対価の額並びに適用後譲渡の対価の額との合計額が1億円を超える場合

　居住用家屋取得相続人が、本特例の適用を受ける者の対象譲渡をした日の属する年の翌年1月1日からその対象譲渡をした日以後3年を経過する日の属する年の12月31日までの間（前記イのⅱの期間）に、対象譲渡資産一体家屋等の譲渡（以下、「適用後譲渡」といいます。）を行った場合において、適用後譲渡に係る対価の額と対象譲渡に係る対価の額（適用前譲渡がある場合には、適用前譲渡に係る対価の額と対象譲渡に係る対価の額との合計額）との合計額が1億円を超えることとなったときは、本特例は適用できないこととされています（措法35⑥）。

　なお、1億円を超えるかどうかの判定の対象となる適用後譲渡に該当するかどうかの判定は、本特例の適用を受けようとする各人の対象譲渡ごとに行うこととなります。

対象譲渡の対価	＋	適用前譲渡の対価	＋	適用後譲渡の対価	＞1億円	対象譲渡について本特例を適用することはできません。

ハ　上記ロに該当することとなった場合の修正申告の特例等

　対象譲渡につき本特例の適用を受けている者が、上記ロに該当することとなった場合には、本特例の適用を受けることはできませんので、居住用家屋取得相続人がその適用後譲渡をした日から4月を経過する日（以後「期限日」といいます。）までに対象譲渡をした日の属する年分の所得税について本特例を適用せずに計算した所得金額、所得税の額等による修正申告書を提出し、かつ、その期限内にその申告書の提出により納付すべき税額を納付しなければなりません（措法35⑨）。

　なお、修正申告書の提出がないときは、納税地の所轄税務署長は、修正申告書に記載すべきであった所得金額、所得税の額その他の事項につき更正を行うこととされています（措法35⑩）。

　また、他の制度における修正申告の特例等と同様、その期限内に提出された修正申告書は国税通則法上の期限内申告書とみなされ、加算税は賦課されないほか、期限日までに修正申告により納付すべき税額を納めれば延滞税も課されません（措法33の5③、35⑩）。

⑻　他の居住用家屋取得相続人への通知等

　本特例の適用を受けようとする者は、他の居住用家屋取得相続人に対し、対象譲渡をした旨、対象譲渡をした日その他参考となるべき事項の通知を

しなければなりません。この場合において、①適用を受けようとしている者からその通知を受けた居住用家屋取得相続人で適用前譲渡をしている者はその通知を受けた後遅滞なく又②その通知を受けた居住用家屋取得相続人で今後適用後譲渡をした者はその適用後譲渡をした後遅滞なく、それぞれその通知をした者に対し、その譲渡をした旨、その譲渡をした日、その譲渡の対価の額その他参考となるべき事項の通知をしなければならないこととされています（措法35⑧）。

(9)　本特例の適用を受ける場合の手続等

　本特例は、その適用を受けようとする者の対象譲渡をした日の属する年分の確定申告書に、次のイの事項の記載があり、かつ、ロの書類の添付がある場合に限り適用することとされています（措法35⑫）。

　ただし、税務署長は、確定申告書の提出がなかった場合又は次のイの事項の記載若しくはロの書類の添付がない確定申告書の提出があった場合においても、その提出又は記載若しくは添付がなかったことについてやむを得ない事情があると認めるときは、次のイの事項の記載をした書類及びロの書類の提出があった場合に限り、本特例を適用することができます（措法35⑬）。

イ　確定申告書への記載事項（措規18の2①二）

①	本特例の適用を受けようとする旨
②	対象譲渡に該当する事実
③	被相続人の氏名、死亡時における住所及び死亡年月日
④	他に居住用家屋取得相続人がいる場合には、その者の氏名及び住所並びにその者の相続開始時における被相続人居住用家屋又は被

④	相続人居住用家屋の敷地等の持分割合
⑤	適用前譲渡がある場合には、適用前譲渡をした居住用家屋取得相続人の氏名、その者が行った適用前譲渡の年月日及び適用前譲渡に係る対価の額
⑥	その他参考となるべき事

ロ　確定申告書に添付すべき書類（措規18の2②ニイ及びロ）

　(イ)　被相続人の居住用家屋又は被相続人居住用家屋とその敷地を共に譲渡した場合（家屋だけ又は家屋と敷地の譲渡の場合）

①	対象譲渡に係る譲渡所得の金額の計算に関する明細書
②	被相続人居住用家屋及びその敷地等の登記事項証明書その他の書類で次の事項を明らかにするもの ⅰ　対象譲渡をした者が被相続人居住用家屋及びその敷地等を被相続人から相続等により取得したこと。 　　例えば、遺産分割協議書、遺言書など ⅱ　被相続人居住用家屋が昭和56年5月31日以前に建築されたこと。 　　例えば、確認済証又は検査済証、建物請負契約書など ⅲ　被相続人居住用家屋が建物の区分所有等に関する法律第1条の規定に該当する建物ではないこと。 　　例えば、固定資産課税台帳の写し
③	被相続人居住用家屋又はその敷地等の所在地の市町村長又は特別区の区長が次の事項を確認した旨を記載した被相続人居住用家屋等確認書（被相続人が老人ホーム等に入居等していた場合

以外については、ⅰ及びⅱの事項）

ⅰ　相続開始直前（又は特定事由により被相続人の居住の用に供されなくなる直前）において、被相続人がその被相続人居住用家屋を居住の用に供しており、かつ、被相続人居住用家屋に被相続人以外に居住をしていた者がいなかったこと。

ⅱ　被相続人居住用家屋又はその敷地等が相続時から対象譲渡時まで事業の用、貸付けの用又は居住の用に供されていたことがないこと。

ⅲ　その家屋が特定事由により相続開始直前において被相続人の居住の用に供されていなかったこと。

③

ⅳ　特定事由により被相続人の居住の用に供されなくなった時から、相続開始の直前まで引き続き、その家屋が被相続人の物品の保管その他の用に供されていたこと。

ⅴ　特定事由により被相続人の居住の用に供されなくなった時から相続開始の直前まで、その家屋が、事業の用、貸付けの用又は被相続人以外の者の居住の用に供されたことがないこと。

ⅵ　被相続人が老人ホーム等への入居等した時から相続開始の直前までの間において、被相続人が主としてその居住の用に供していたと認められる家屋が、その老人ホーム等の施設等であること（他に居住用の施設がなかったこと）。

④

被相続人の居住用家屋が国土交通大臣が財務大臣と協議して定める地震に対する安全性に係る規定又は基準に適合する家屋である旨を証する書類

例えば、耐震基準適合証明書（201ページ参照）又は建設住

	宅性能評価書（202ページ参照）
⑤	被相続人居住用家屋又はその敷地等に係る売買契約書の写しその他の書類で、被相続人の居住用家屋又はその敷地等の譲渡に係る対価の額が1億円（対象譲渡に係る適用前譲渡がある場合には、1億円から適用前譲渡に係る対価の額の合計額を控除した残額）以下であることを明らかにする書類

㊁　被相続人居住用家屋の取壊し等の後、被相続人居住用家屋の敷地等のみ譲渡する場合（更地の譲渡の場合）

①	対象譲渡に係る譲渡所得の金額の計算に関する明細書
②	被相続人居住用家屋及びその敷地等の登記事項証明書その他の書類で次の事項を明らかにするもの ⅰ　対象譲渡をした者が被相続人居住用家屋及びその敷地等を被相続人から相続等により取得したこと。 　　例えば、遺産分割協議書、遺言書など ⅱ　被相続人居住用家屋が昭和56年5月31日以前に建築されたこと。 　　例えば、確認済証又は検査済証、建物請負契約書など ⅲ　被相続人居住用家屋が建物の区分所有等に関する法律第1条の規定に該当する建物ではないこと。 　　例えば、固定資産課税台帳の写し
③	被相続人居住用家屋の敷地等の所在地の市町村長又は特別区の区長が次の事項を確認した旨を記載した被相続人居住用家屋等確認書（被相続人が老人ホーム等に入居等していた場合以外については、ⅰないしⅳの事項）

ⅰ　相続開始直前（又は特定事由により被相続人の居住の用に供されなくなる直前）において、被相続人が被相続人居住用家屋を居住の用に供しており、かつ、その被相続人居住用家屋に被相続人以外に居住をしていた者がいなかったこと。

ⅱ　被相続人居住用家屋が相続時からその全部の取壊し、除却又は滅失の時まで事業の用、貸付けの用又は居住の用に供されていたことがないこと。

ⅲ　被相続人居住用家屋の敷地等が相続時から対象譲渡時まで事業の用、貸付けの用又は居住の用に供されていたことがないこと。

ⅳ　被相続人居住用家屋の敷地等が上記ⅱの取壊し、除却又は滅失の時から対象譲渡時まで建物又は構築物の敷地の用に供されていたことがないこと。

③

ⅴ　被相続人居住用家屋が特定事由により相続開始直前において被相続人の居住の用に供されていなかったこと。

ⅵ　特定事由により被相続人の居住の用に供されなくなった時から、相続開始の直前まで引き続き、被相続人居住用家屋が被相続人の物品の保管その他の用に供されていたこと。

ⅶ　特定事由により被相続人の居住の用に供されなくなった時から相続開始の直前まで、被相続人居住用家屋が、事業の用、貸付けの用、又は被相続人以外の者の居住の用に供されたことがないこと。

ⅷ　被相続人が老人ホーム等への入居等した時から相続開始の直前までの間において被相続人が主としてその用に供していたと認められる家屋が、その老人ホーム等の施設等であるこ

	と（他に居住施設がなかったこと）。
④	被相続人居住用家屋の敷地等に係る売買契約書の写しその他の書類で、被相続人居住用家屋の敷地等の譲渡に係る対価の額が1億円（対象譲渡に係る適用前譲渡がある場合には、1億円から適用前譲渡に係る対価の額の合計額を控除した残額）以下であることを明らかにする書類

（参考）　　　　　　　　　　　　　　　　　　　　　　　　　　　　　　　（令和４年分用）

相続した空き家を売却した場合の特例（3,000万円の特別控除（措法35条③））　チェックシート

◇　各質問に対して「はい」、「いいえ」を○で囲みながらお進みください。

氏　名

1　売却した家屋及びその家屋の敷地の両方を、亡くなった方（被相続人）から相続人であるあなたが相続、遺贈又は死因贈与（以下「相続」といいます。）で取得しましたか。また、被相続人が亡くなったのは平成31年1月2日以降ですか。

※1　家屋のみ又は家屋の敷地のみを相続により取得した場合には、特例の適用は受けられません（措法35③）。
※2　相続開始があった日から同日以後3年を経過する日の属する年の12月31日までの間に行った売却に限り、特例を適用することができます（措法35③）。
※3　相続人でない人が遺贈を受けた場合、特例を適用できません（包括遺贈を除きます。）。

→ いいえ

↓ は　い

2　その家屋は、区分所有建物に該当するものですか。

※　区分所有建物である旨の登記がされている二世帯住宅やマンションは、特例の適用を受けることはできません（措法35④二）。

→ は　い

↓ いいえ

3　その家屋は、昭和56年5月31日以前に建築されたものですか。

→ いいえ

↓ は　い

4　その家屋には、相続の開始の直前において亡くなった方（被相続人）が居住しており、他に居住していた方（被相続人の家族を含む。）はいませんでしたか。

※1　亡くなった方が要介護認定等を受けて相続開始の直前に老人ホーム等に入所していた等の一定の事由がある場合は、入所により居住しなくなった直前において居住の用に供していた家屋であれば、特例の適用を受けることができます（居住しなくなる直前において亡くなった方以外の方が居住していないことが必要です。）。詳しくは職員にお尋ねください（措令23⑥、⑦）。
※2　居住用家屋が複数の建築物から成る場合には、主として居住の用に供していた一の建築物のみが特例の対象となります。例えば、母屋、離れ、倉庫など複数の建物がある場合は、その母屋（主として居住の用に供していた）部分のみが特例の対象となります（敷地については面積按分）。詳しくは職員にお尋ねください（措令23⑧、措法35-10）。
※3　亡くなった方が二以上の居住用家屋を所有している場合には、主としてその居住の用に供していた家屋のみが特例の対象となります（措通35-10、31の3-2）

→ いいえ

↓ は　い

5　同一の被相続人から相続により取得した家屋又は敷地の売却について、この特例を受けるのは初めてですか。

→ いいえ

↓ は　い

6　売却先（買主）は第三者ですか。

※　あなたの配偶者や一定の親族、同族会社など特別の関係にある人（会社）に売却された場合には、特例の適用を受けることはできません。詳しくは職員にお尋ねください（措令20の3①）。

→ いいえ

↓ は　い

7　売却金額は1億円以下ですか。

※1　その家屋及び敷地について他に相続し売却している方がいる場合や、複数年にわたって売却する場合は、それらの売却金額を合算します。詳しくは職員にお尋ね下さい（措法35③、⑤、⑥）。
※2　この特例を受ける方は、被相続人の居住用家屋又は敷地を取得した他の相続人に対し、売却をした旨、売却をした日、その他参考となるべき事項を通知しなければなりません（措法35⑦）。

→ いいえ

↓ は　い

裏　面　に　続　き　ま　す。

特例の適用を受けることはできません。

表面からの続き

8　売却物件は、次のいずれかに該当しますか。
　A　被相続人の居住用家屋の売却又は被相続人居住用家屋とともにその敷地の用に供されていた土地等の売却（以下「家屋又は家屋と敷地の売却」という。）
　B　被相続人の居住用家屋を取り壊した後、その敷地の用に供されていた土地等の売却（以下「敷地のみの売却」という。）

いいえ → 特例の適用を受けることはできません。

はい　　　　　　　　　　　　　　　　　　　　はい

A（家屋又は家屋と敷地の売却）に該当　　　　B（敷地のみの売却）に該当

家屋は、相続開始時から売却時まで空き家でしたか（相続人等の居住の用、事業の用、貸付の用に供されていませんでしたか。）。

いいえ → 特例の適用を受けることはできません。

家屋は、相続開始時から取壊し時まで空き家でしたか（相続人等の居住の用、事業の用、貸付の用に供されていませんでしたか。）。

いいえ →

はい

家屋は、売却時に地震に対する安全基準等に適合していましたか（耐震性のないものは耐震リフォームをしたものに限る。）。

いいえ →

敷地は、相続開始時から売却時まで居住の用、事業の用、貸付の用に供していませんでしたか。また、家屋の取壊し時から売却時まで他の建物等の敷地の用に供されていませんでしたか。

いいえ →

はい　　　　　　　　　　　　　　　　　　　　はい

3,000万円の特別控除（措法35条③）の特例の適用を受けることができます。
※1　譲渡所得金額が3,000万円に満たない場合の特別控除額は、その譲渡所得金額が限度となります。
※2　同一年中に、空き家とマイホームの売却があった場合の特別控除額は、合計で3,000万円が限度となります（措通35-7）。

他の税制との適用関係
※1　マイホームを譲渡した場合の3,000万円特別控除（措35①）又はマイホームの買換え等に係る特例措置（措法36の2、措法36の5、措法41の5、措法41の5の2）のいずれかとの併用が可能です。
※2　所得税及び復興特別所得税の（特定増改築等）住宅借入金等特別控除との併用が可能です。
※3　相続財産を譲渡した場合の取得費加算の特例（措法39）との併用はできません。

特例の適用を受けるための添付書類

このチェックシートと次の書類を確定申告書に添付して提出してください。

	添　付　書　類	チェック
1	譲渡所得の内訳書（確定申告書付表兼計算明細書）【土地・建物用】（5面）	□
2	被相続人居住用家屋及びその敷地等の登記事項証明書（※）その他の書類 （相続により取得したこと、家屋が昭和56年5月31日以前に建築されたこと及び区分所有建物登記がされている建物でないことが分かる書類） ※　申告書等への記載等により以下の必要事項を税務署に提供する場合、登記事項証明書の添付を省略することができます。 　建物：建物の所在する市区町村、字、土地の地番及び当該建物の家屋番号又は不動産番号 　土地：土地の所在する市区町村、字及び当該土地の地番又は不動産番号	□
3	被相続人居住用家屋又はその敷地等の売買契約書の写しその他の書類（売却代金が1億円以下であることを明らかにするもの）	□
4	被相続人居住用家屋等確認書 ※　被相続人居住用家屋の所在市町村に申請し、交付を受けます。詳しくは市町村にお尋ねください。	□
5	被相続人居住用家屋の耐震基準適合証明書又は建設住宅性能評価書の写し ※　上記B（敷地のみの売却）に該当する場合は不要です。 （証明書類／発行機関の表）	□

証明書類	発行機関
耐震基準適合証明書 ※　被相続人居住用家屋の譲渡の日前2年以内にその証明のための家屋の調査が終了したものに限ります。	・建築士（建築士法第2条第1項） ・指定確認検査機関（建築基準法第77条の21第1項） ・登録住宅性能評価機関（住宅の品質確保の促進等に関する法律第5条第1項） ・住宅瑕疵担保責任保険法人（特定住宅瑕疵担保責任の履行の確保等に関する法律第17条第1項）
建設住宅性能評価書の写し ※　被相続人居住用家屋の譲渡の日前2年以内に評価されたもので、耐震等級に係る評価が1、2又は3であるものに限ります。	登録住宅性能評価機関

❸　適用関係

　本件特例は、平成28年４月１日から令和９年12月31日までの間の譲渡について適用されます（措法35③）。令和元年度の改正は、平成31年４月１日以降の譲渡が対象です。

　また、❹で後述する令和５年度の改正は、令和６年１月１日以降の譲渡が対象です。

❹　令和５年度の税制改正

⑴　対象譲渡の拡充

　本特例の対象譲渡は、譲渡者の譲渡時において、その被相続人居住用家屋が耐震基準を満たしていること又はその被相続人居住用家屋の全部の除却等が完了していることが要件とされています。したがって、被相続人居住用家屋を含む譲渡の場合には、譲渡人である相続人が耐震基準を満たす工事を行う必要があり、一方、更地譲渡の場合には、譲渡人である相続人が居住用家屋の除却をする必要がありました。しかし、その被相続人居住用家屋を相続した相続人が高齢者である場合や、その被相続人居住用家屋の所在地から遠隔地に居住している場合等においては、相続開始日から同日以後３年を経過する日が属する12月31日までの間の譲渡時までに上記の要件を満たす工事等を行うことが負担となり、結果として、その被相続人居住用家屋が空き家のまま放置されるケースも考えられるところです。

　そこで、そのようなケースにおける負担を解消し、相続等により取得した利用目的のない被相続人居住用家屋の譲渡を促すため、その譲渡時からその譲渡の日の属する年の翌年２月15日までの間に、その被相続人居住用家屋が耐震基準を満たすこととなった場合又はその被相続人居住用家屋の

全部の除却等がされた場合には、本特例を適用することができることとされました。これにより、売買契約に基づき、買主が譲渡の日の属する年の翌年の2月15日までに耐震工事や除却工事を完了させた場合でも本特例の適用が可能となり、必ずしも譲渡人である相続人が耐震工事や家屋の除却を行う必要がなくなりました。

　具体的には、本特例の対象譲渡に、相続等により取得をした被相続人居住用家屋（相続時後にその被相続人居住用家屋につき行われた増改築等に係る部分を含み、その相続時から譲渡時まで事業の用、貸付けの用又は居住の用に供されていたことがないものに限ります。）の譲渡又はその被相続人居住用家屋とともに相続等により取得した被相続人居住用家屋の敷地等（相続時からその譲渡時まで事業の用、貸付けの用又は居住の用に供されていたことがないものに限ります。）の譲渡（これらの譲渡のうち居住用家屋のみの譲渡又は家屋及びその敷地の譲渡を除きます。）をした場合において、その譲渡時からその譲渡の日の属する年の翌年2月15日までの間に、その被相続人居住用家屋が次に掲げる場合に該当するときが本特例の適用対象に加えられました（措法35③）。

①　耐震基準に適合することとなった場合

②　その被相続人居住用家屋の全部の取壊し若しくは除却がされ、又はその全部が滅失をした場合

	改正前	改正後
（家屋を含む譲渡）耐震工事を行う場合	譲渡日までにその家屋が耐震基準に適合していること。	譲渡の年の翌年2月15日までにその家屋が耐震基準に適合していること。
（更地譲渡）家屋を除却する場合	譲渡日までに家屋の除却が完了していること。	譲渡の年の翌年2月15日までに家屋の除却が完了していること。

⑵　**相続又は遺贈により被相続人居住用家屋及び被相続人居住用家屋の敷**
地等を取得した相続人の数が 3 人以上である場合の控除額の引下げ

　これまでは、相続又は遺贈により被相続人居住用家屋及び被相続人居住
用家屋の敷地等を取得した相続人の数が複数いた場合には、各人がそれぞ
れ3,000万控除をすることができましたが、改正により相続等により被相
続人居住用家屋及びその敷地を取得した相続人が 3 人以上いる場合には、
本特例の特別控除額は 1 人あたり2,000万円を上限とすることとされまし
た（措法35④）。

	改正前	改正後
特別 控除額	3,000万円 相続人が複数いる場合には 各人が3,000万円	3,000万円 ただし、相続人が 3 人以上いる場合に は 1 人当たりの控除額2,000万円

　この場合において、相続人がその年にその相続人の自己の居住の用に供
していた家屋又はその家屋とともにするその敷地の譲渡をしたことなどに
より居住用財産の譲渡所得の3,000万円特別控除（措法35①②。以下「居
住用財産の譲渡所得の3,000万円特別控除」といいます。）も適用するとき
は、本特例に係る特別控除額は、3,000万円の範囲内において次の特別控
除額の区分に応じ特別控除額の上限額が次のとおり変わることになります
（措法35④、措令23⑥⑦）。

イ　**長期譲渡所得の金額から控除される特別控除額**

　3,000万円（下記ロに定める金額がある場合には、3,000万円から下記ロ
に定める金額を控除した金額）と次に掲げる金額の合計額とのいずれか低
い金額

　この場合において、下記②に掲げる金額が2,000万円（下記ロの短期譲

渡所得のうち本特例の対象となる資産の譲渡に係る部分の金額から控除される金額がある場合には、2,000万円からその控除される金額を控除した金額とされます。イにおいて同じです。）であるときは、長期譲渡所得の金額のうち本特例の対象となる資産の譲渡に係る部分の金額から控除される金額は2,000万円が限度とされます。

　改正の意味するところは、居住用財産の譲渡所得の特別控除額を使い切っていない場合には、本特例に係る特別控除額2,000万円（相続人が複数人である場合を前提）に1,000万円の範囲内で一定の額を自己の居住用財産の譲渡所得の特別控除額に加算できるというものです。

①　長期譲渡所得の金額のうち自己の居住用財産の譲渡所得の3,000万円特別控除の対象となる資産の譲渡に係る部分の金額

②　2,000万円と長期譲渡所得の金額のうち本特例の対象となる資産の譲渡に係る部分の金額とのいずれか低い金額

┌─具体例─
│（1）　長期譲渡所得のうち自己の居住用財産の譲渡所得金額……1,000万円
│（2）　本特例の対象となる資産の譲渡所得金額……2,500万円
│（答）　本特例に係る特別控除額の計算
│　　　　1,000万円　＋　2,000万円（2,000万円　＜　2,500万円）
│　　　　よって、本特例の対象となる特別控除額は、3,000万円となります。

ロ　短期譲渡所得の金額から控除される特別控除額

　3,000万円と次に掲げる金額の合計額とのいずれか低い金額

　この場合において、下記②に掲げる金額が2,000万円を超えているときは、短期譲渡所得の金額のうち本特例の対象となる資産の譲渡に係る部分の金額から控除される金額は2,000万円が限度とされます。

①　短期譲渡所得の金額のうち居住用財産の譲渡所得の3,000万円特別控

除の対象となる資産の譲渡に係る部分の金額

②　2,000万円と短期譲渡所得の金額のうち本特例の対象となる資産の譲渡に係る部分の金額とのいずれか低い金額

(3)　確定申告書の添付書類の整備

　上記(1)及び(2)を踏まえ、拡充された対象譲渡をしたことにより本特例の適用を受ける場合の確定申告書の添付書類に、次の書類が追加されました（措法35②、措規18の2②二）。

①　対象譲渡をした被相続人居住用家屋又は被相続人居住用家屋及びその敷地等の所在地の市町村長又は特別区の区長の次に掲げる事項を確認した旨を記載した書類（被相続人居住用家屋等確認書）

　ⅰ　相続又は遺贈によるその被相続人居住用家屋及び被相続人居住用家屋の敷地等の取得をした相続人の数

> （注）　相続人が3人以上いる場合の控除額の切下げの改正に伴い、対象譲渡した被相続人居住用家屋又はその敷地の所在地の市町村長又は特別区長の居住確認書及び被相続人居住用家屋の敷地等が相続時から譲渡時まで何ら利用されていなかったことの書類について、相続又は遺贈によりその被相続人居住用家屋及び被相続人居住用家屋の敷地等の取得をした相続人の数が加えられています。

　ⅱ　対象譲渡の時から対象譲渡の日の属する年の翌年2月15日までの期間（以下「特定期間」といいます。）内に、被相続人居住用家屋が耐震基準に適合することとなったこと又は被相続人居住用家屋の全部の取壊し若しくは除却がされ、若しくはその全部が滅失をしたこと。

②　対象譲渡をした被相続人居住用家屋が国土交通大臣が財務大臣と協議して定める耐震基準に適合する家屋である旨を証する書類又は対象譲渡をした被相続人居住用家屋の登記事項証明書その他の書類で、特定期間

内に被相続人居住用家屋の全部の取壊し若しくは除却がされ、若しくは
その全部が滅失した旨を証する書類

> （注）　「対象譲渡をした被相続人居住用家屋が国土交通大臣が財務大臣と
> 　　　協議して定める耐震基準に適合する家屋である旨を証する書類」とは、
> 　　　その譲渡をした被相続人居住用家屋が耐震基準に適合するものである
> 　　　旨を建築士等が所定の書式により証する書類（被相続人居住用家屋を
> 　　　耐震基準に適合させるための工事（その譲渡の日から同日の属する年
> 　　　の翌年２月15日までの間に完了したものに限ります。）の完了日から
> 　　　その譲渡の日の属する年分の確定申告書の提出の日までの期間内にそ
> 　　　の証明のための家屋の調査が終了したものに限ります。）等とされて
> 　　　います（平21.6国交告685）。

5　令和5年度税制改正に係る適用関係

　令和５年度の税制改正は、個人が令和６年１月１日以後に行う対象譲渡
について適用し、個人が同日前に行った対象譲渡については従前どおりと
されています（改正法附則32③）。

Ⅱ

空き家特例の実務Q&A

問1　空き家特例の創設の趣旨

　平成28年の税制改正により被相続人が1人で居住していた家屋及びその敷地を相続した相続人が相続開始日から起算して3年を経過する年の12月31日までに当該家屋又はその土地等を譲渡した場合には、その譲渡にかかる譲渡所得から3,000万円を特別控除することができる制度が創設されたと聞きましたが、制度創設の趣旨について教えてください。

答　いわゆる旧耐震基準（昭和56年5月31日以前の耐震基準）の下で建築された空き家の数は、毎年、増加していますが、居住用家屋が空き家に変わる最大の契機が相続時であると言われています。

　旧耐震基準の家屋のそのほとんどは、耐震性がないものと推測されますが、相続後に空き家が増加し、その結果、周辺住民の生活環境に悪影響を及ぼすことを未然に防止するため、相続に由来する古い空き家及びその敷地を減少させその有効活用を促進することを目的として、平成28年度税制改正により、被相続人の居住用財産に係る譲渡所得の特別控除の特例（以下、「本特例」といいます。）が創設されました。

　本特例は、相続又は遺贈（贈与者の死亡により効力を生ずる贈与を含みます。以下、「相続等」といいます。）による被相続人居住用家屋及び被相続人居住用家屋の敷地等^{（注2）}の取得をした相続人（包括受遺者を含みます。以下同じです。）が、平成28年4月1日から令和9年12月31日までの間に、その取得をした被相続人居住用家屋又は被相続人居住用家屋の敷地等について、①同家屋に耐震基準を満たすリフォーム工事を行って譲渡した場合（建物のみ又は建物等及びその敷地の譲渡）又は②建物を取壊して更地にして土地等を譲渡をした場合には、措置法第35条第1項《居住用財産の譲

渡所得の特別控除》に規定する居住用財産を譲渡した場合（1億円以下）
に該当するものとみなして、居住用財産の譲渡をした場合の3,000万円の
特別控除を適用できることとするものです（措法35③）。

（注1）　**被相続人居住用家屋**

「被相続人居住用家屋」とは、相続開始の直前においてその相続又
は遺贈に係る被相続人の居住の用に供されていた家屋（次の i から vi
までの要件を満たすものに限る。）であって、被相続人が主としてそ
の居住の用に供していたと認められる一の建築物をいいます（措法35
⑤、措令23⑥⑦⑧）。

　i　相続開始直前において被相続人の居住の用に供されていた家屋で
　　あること。

　ii　その家屋は昭和56年5月31日以前に建築された建物であること。

　iii　その家屋は建物の区分所有等に関する法律第1条の規定に該当す
　　る建物（区分所有建物）でないこと。

　iv　相続開始の直前においてその家屋に被相続人以外に居住をしてい
　　た者がいなかったこと。

　v　その家屋は相続開始前において被相続人が主として居住の用に供
　　していたと認められる一の建物であること。

　vi　被相続人に居住の用に供することができない特定事由があり、一
　　定の要件を満たす場合には、居住の用に供されなくなる直前に被相
　　続人が居住していた家屋であること。

（注2）　**被相続人居住用家屋の敷地等**

「被相続人居住用家屋の敷地等」とは、相続開始の直前において被
相続人居住用家屋の敷地の用に供されていたと認められる土地又はそ
の土地の上に存する権利（以下「土地等」といいます。）をいいます。

この場合、相続開始の直前においてその土地が用途上不可分の関係
にある2以上の建築物のある一団の土地であった場合には、一団の土
地の面積に次の i 及び ii の床面積の合計のうちに占める i の床面積の
割合を乗じて計算した面積に係る土地等の部分がこれに該当します
（措法35⑤、措令23⑨）。

　i　相続開始の直前においてその土地に所在していた被相続人居住用
　　家屋の床面積

　　ⅱ　その相続の開始の直前におけるその土地にあった被相続人居住用
　　　家屋以外の建築物の床面積

≪算式≫

一団の土地　　　　　　　ⅰ 被相続人居住用家屋の床面積
の面積　　×　──────────────────────
　　　　　　　ⅰ 被相続人居住　　　　ⅱ 被相続人居住用
　　　　　　　用家屋の床面積　＋　家屋以外の床面積

　なお、本特例の適用を受けることができるのは、相続等により「被相続
人居住用家屋」と「被相続人居住用家屋の敷地等」の両方を取得した相続
人に限られます。したがって、相続等により「被相続人居住用家屋」のみ
又は「被相続人居住用家屋の敷地等」のみ取得した者は、本特例の適用を
受けることができません。

　また、本特例は、被相続人から相続等により取得した被相続人居住用家
屋のみ又は被相続人居住用家屋及びその敷地等を譲渡した場合に適用があ
りますが、相続財産を譲渡した場合の取得費の特例（措置法39）とは選択
適用とされているほか、被相続人居住用家屋又は被相続人居住用家屋及び
その敷地等の譲渡について、既に本特例の適用を受けていないこと（被相
続人ごとに相続人１人につき１回限り適用）が要件となっています。

問2　空き家譲渡の特例と自己の居住用不動産譲渡の特例の重複適用

　私は、亡母が住んでいた居住用家屋及びその敷地を相続により取得しました。その家屋は、昭和55年に建築されたもので耐震基準を満たしていないため、今年中に更地にして譲渡するつもりです。

　一方で、現在住んでいる自宅も今年中に売却するつもりですが、本特例（措法35③）と居住用財産の特別控除（措法35②）の両方を適用することは可能でしょうか。

答　同一年中において、空き家特例の適用対象である被相続人居住用家屋等及び自己の居住用不動産を譲渡した場合の特例対象である家屋等の2つを譲渡した場合には、これらの家屋等の譲渡のいずれにも特例が適用されますが、この場合の特別控除額の上限は3,000万円となります（措通35－7）。

解説

1　本特例は、措置法第35条第3項一号及び二号に掲げる被相続人居住用家屋又は被相続人居住用家屋の敷地等の譲渡（以下「対象譲渡」といいます。）を、同条第1項に規定する居住用財産を譲渡した場合に該当するものとみなして、同項の規定の適用を受けることができることとされていますが、ご質問のようなケースも想定されます。

　すなわち、同一年中に、対象譲渡のほかに同条第2項各号に規定する譲渡（自己の居住用財産の譲渡）がある場合、例えば、①自己の居住用財産であるA物件と相続等により取得した被相続人の居住用財産であるB物件を同一年中に譲渡した場合や、②譲渡した被相続人の居住用財産

47

が自己の居住用財産にも該当する場合（相続前から被相続人の居住用家屋に自己の持分を有し居住していた者が、相続開始前に転居していた場合で、居住用に供されなくなってから3年以内に譲渡したときなど）なども考えられますが、これらの譲渡については、いずれも同条第1項の規定の適用を受けることができます。

　ところで、この場合における特別控除額は、それぞれ譲渡で3,000万円（特別控除額の上限は5,000万円まで）の特別控除額の控除が可能であるのか疑義が生じます。

　この点について、本特例に係る対象譲渡をした場合には、同条第1項に規定する居住用財産を譲渡した場合に該当するものとみなして、同項の規定が適用されることから、措置法第35条第1項の規定により、その年中に該当することとなった全ての資産の譲渡に係る譲渡益から、3,000万円を限度として控除することとされています。

2　また、これら2つの譲渡があった場合、どのような順序で同条第1項の特別控除額の控除を行うのか疑義が生じます。

　この場合の特別控除の順序は、措置法通達36-1《譲渡所得の特別控除額の累積限度額》の取扱いによる順序に準じて控除（分離短期譲渡所得と分離長期譲渡所得がある場合は、分離短期譲渡所得から先に控除）することになります。しかし、これらの譲渡に係る分離短期譲渡所得又は分離長期譲渡所得の区分が同じである場合は、同条第2項に該当する譲渡のうち、措置法第31条の3《居住用財産を譲渡した場合の長期譲渡所得の課税の特例》の規定の適用があるものについては、本特例の控除から先に控除した方が納税者にとって一般的に有利と考えられることから、特別控除額の控除の順序として、本特例の対象譲渡に対応する金額から先に特別控除額の控除をすることとしています。

　ただし、納税者が自己の居住用不動産の譲渡から先に特別控除額の控

除をして申告したときは、これを認めることとしています。

　なお、本特例は、措置法第35条第１項に規定する居住用財産を譲渡した場合に該当するものとみなして同項の規定の適用を受けるものであり、「居住用財産の譲渡所得の軽減税率の特例」（措法31の３）の適用までを可能とするものではありません。

（参考通達）

措置法通達35－７　《同一年中に自己の居住用財産と被相続人の居住用財産の譲渡があった場合の3,000万円控除の適用》

　措置法第35条第３項に規定する相続人（以下35－23までにおいて「相続人」という。）が、同一年中に同条第２項各号に規定する譲渡及び同条第３項に規定する対象譲渡（以下35－25までにおいて「対象譲渡」という。）をし、そのいずれの譲渡についても同条第１項の規定の適用を受ける場合は36－１に定める順序により特別控除額の控除をすることとなるのであるが、これらの譲渡に係る分離短期譲渡所得又は分離長期譲渡所得の区分が同一であるときは、当該対象譲渡に対応する金額から先に特別控除額の控除をするものとする。ただし、納税者が同条第２項各号に規定する譲渡に対応する金額から先に特別控除額の控除をして申告したときは、これを認める。

　なお、同条第１項の規定により、その年中にその該当することとなった全部の資産の譲渡に係る譲渡所得の金額から3,000万円を限度として控除することに留意する。

問 3　空き家特例と措置法第39条《相続財産に係る譲渡所得の課税の特例》

　空き家特例（本特例）と措置法第39条は、併用が認められておらず、選択適用とされているようですが、相続等により取得した居住用家屋及びその敷地が被相続人の店舗併用住宅であった場合、居住用部分に空き家特例を適用し、店舗部分に措置法第39条を適用することは可能ですか。

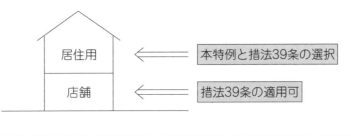

答　居住用部分については、本特例と措置法第39条のいずれか選択適用になりますが、店舗部分については、居住用部分に本特例又は措置法第39条のいずれかの適用にかかわらず措置法第39条を適用することは可能です。

解説　本特例は、相続等により被相続人居住用家屋及び被相続人居住用家屋の敷地等の取得をした相続人が、平成28年4月1日から令和9年12月31日までの間に、その取得した被相続人居住用家屋又は被相続人居住用家屋の敷地等について、一定の要件に該当する譲渡をした場合に適用が可能となりますが、当該譲渡について、措置法第39条《相続財産に係る譲渡所得の課税の特例》の規定の適用を受ける場合には、本特例の適用はできないこととされています（措法35③）。

　したがって、本特例と措置法第39条《相続財産に係る譲渡所得の課税の

特例》とは重複適用できませんが、例えば、当該譲渡した資産が店舗併用住宅などのように居住用部分と非居住用部分とから構成されている家屋及びその敷地であった場合には、本特例と措置法第39条との適用について重複適用も可能ではないかという疑問が生じます。

　この点について、本特例の対象でない店舗部分に相当する非居住用部分の譲渡について措置法第39条の規定の適用を受けることについての制限はありません。

　また、居住用分に相当する部分の譲渡については、当該居住用部分の譲渡が措置法第35条第3項各号の適用要件を満たしていれば本特例の適用は可能ですが、適用を受ける場合には、措置法第39条の適用は受けられません。

　この適用に際し、店舗部分の譲渡に措置法第39条の適用を受けるか否かは関係ありません。

　すなわち、ご質問のケースでは、譲渡全体に措置法第39条を適用することも可能ですし、居住用部分の譲渡には本特例を、店舗部分の譲渡には措置法第39条を適用することも可能です。

（参考通達）

> **措置法通達35－8《相続財産に係る譲渡所得の課税の特例等との関係》**
>
> 　措置法第35条第3項に規定する譲渡につき、措置法第39条《相続財産に係る譲渡所得の課税の特例》の規定の適用を受ける場合には、当該譲渡については同項の規定の適用はないことに留意する。この場合において、当該譲渡した資産が居住用部分（相続の開始の直前（当該資産が措置法第35条第5項に規定する対象従前居住の用（以下35－22までにおいて「対象従前居住の用」という。）に供されていた資産である場合には、同項に規定

する特定事由（以下35－22までにおいて「特定事由」という。）により当
該資産が当該相続又は遺贈（贈与者の死亡により効力を生ずる贈与を含む。
以下35－21までにおいて同じ。）に係る同項に規定する被相続人（以下35
－22までにおいて「被相続人」という。）の居住の用に供されなくなる直前。
以下この項において同じ。）において当該被相続人の居住の用に供されて
いた部分をいう。以下この項において同じ。）と非居住用部分（相続の開
始の直前において当該被相続人の居住の用以外の用に供されていた部分を
いう。以下35－15までにおいて同じ。）とから成る被相続人居住用家屋（措
置法第35条第5項に規定する被相続人居住用家屋をいう。以下35－21まで
において同じ。）又は被相続人居住用家屋の敷地等（措置法第35条第5項
に規定する被相続人居住用家屋の敷地等をいう。以下35－21までにおいて
同じ。）である場合において、当該非居住用部分に相当するものの譲渡に
ついてのみ措置法第39条の規定の適用を受けるときは、当該居住用部分に
相当するものの譲渡については、当該非居住用部分に相当するものの譲渡
につき同条の規定の適用を受ける場合であっても、当該居住用部分に相当
するものの譲渡が措置法第35条第3項の規定による要件を満たすものであ
る限り、同項の規定の適用があることに留意する。

問 4　被相続人居住用家屋及びその敷地を一緒に取得しなかった場合

　亡母が住んでいた居住用家屋及びその敷地について、兄弟2人で遺産分割協議を行った結果、建物は兄が、土地は弟が取得することになりました。

　このような前提で空き家特例の適用は可能でしょうか。

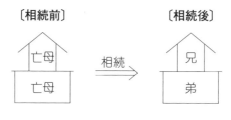

〔相続前〕　　　　　　　　　〔相続後〕

亡母　　相続→　　兄

亡母　　　　　　　弟

答　ご質問のケースは、被相続人居住用家屋及びその敷地を相続人の1人が取得していないため、本特例を適用することはできません。

解説　本特例の適用を受けることができる者は、措置法第35条第3項において「相続又は遺贈（……）による被相続人居住用家屋及び被相続人居住用家屋の敷地等を取得した相続人」と規定されているため、同項に規定する相続人は、当該相続又は遺贈により被相続人居住用家屋と被相続人居住用家屋の敷地等の両方を取得した相続人に限られ、被相続人居住用家屋のみ又は被相続人居住用家屋の敷地等のみを取得した相続人は、同項に規定する相続人に該当しないことになります。

　したがって、例えば、被相続人が所有し、居住していた家屋の敷地を相続人が所有していた場合（被相続人がその敷地をもともと所有していない場合）は、その相続人が相続又は遺贈によりその家屋を取得し、家屋とそ

の敷地の両方を相続開始日以後３年を経過する日の属する12月31日までに
譲渡しても、その相続人は、被相続人居住用家屋について本特例を適用す
ることはできません。

（参考通達）

> **措置法通達35－9 《「被相続人居住用家屋及び被相続人居住用家屋の敷地等の取得をした個人」の範囲》**
>
> 　措置法第35条第３項及び第４項に規定する「相続又は遺贈による被相続人居住用家屋及び被相続人居住用家屋の敷地等の取得をした相続人」とは、相続又は遺贈により、被相続人居住用家屋と被相続人居住用家屋の敷地等の両方を取得した相続人に限られるから、相続又は遺贈により被相続人居住用家屋のみ又は被相続人居住用家屋の敷地等のみを取得した相続人は含まれないことに留意する。

私は、母と内縁関係にあった亡甲から、遺言により不動産を取得しました。この不動産は亡甲が昭和52年に建築し、それ以来、亡くなるまで甲が1人で住んでいた甲の居住用不動産です。

この不動産を相続開始後3年を経過する日の属する12月31日までに更地にして譲渡すれば本特例を受けることができますか。

答 ご質問のケースは、あなたは甲から特定遺贈によって、甲の居住用不動産を取得しており、民法で定める相続人ではありませんので本特例を適用することはできません。

解説 空き家特例を適用できる者は、措置法第35条第3項で「相続又は遺贈による被相続人居住用家屋及びその敷地等を取得した相続人^(注1)（包括受遺者を含む。）^(注2)」と規定されています。したがって、相続人が被相続人居住用家屋及びその敷地を相続等により取得するのであれば適用に支障はありませんが、ご質問のように被相続人の相続人ではない者が遺言により、被相続人居住用家屋及びその敷地を取得した後、同不動産を譲渡した場合において、本特例の適用を受けるためには、包括受遺者であることが条件とされています。

ご質問の内容だけでは、包括遺贈か特定遺贈か明確ではありませんが、例えば、「不動産を○○に遺贈する。」などのように、遺言で遺贈する財産が決まっているような場合は「特定遺贈」に該当することになるので、本特例を適用することはできません。

したがって、ご質問のケースにおいて、母と内縁関係にあった亡甲から

不動産を特定遺贈により取得しているとすれば、あなたは亡甲の相続人ではないため本特例を適用することはできないと考えます。

> **（注1）　相続人**
> 　「相続人」とは、民法に定められている相続人から相続を放棄した者及び相続権を失った者を除いた者をいいます（相法3①）。
>
> **（注2）　包括受遺者**
> 　「包括受遺者」とは、遺贈の対象となる財産が特定されておらず、その結果、財産及び債務を包括的に承継する者をいいます。
> 　例えば、「遺贈者は、その有する全ての財産の2/3を○○子に遺贈する」などは包括遺贈に該当し、財産・債務を包括的に引き継ぐことになります。
> 　一方で、「遺言者は、その所有する土地（港区赤坂8－3－○、宅地、120㎡）を○○子に遺贈する」などは、特定遺贈に該当します。ちなみに包括受遺者は、相続人と同一の権利義務を有します。

問6　マンションは本特例の対象になるか

　空き家特例は、その家屋が建物の区分所有等に関する法律第1条の規定する建物ではないことが要件とされていますが、具体的に教えてください。

答　本特例の対象となる家屋は、措置法第35条第5項第二号において「建物の区分所有等に関する法律第1条の規定に該当する建物」は除外されています。建物の区分所有等に関する法律第1条《建物の区分所有》は、「一棟の建物に構造上区分された数個の部分で独立して住居、店舗、事務所又は倉庫その他建物としての用途に供することができるものがあるときは、その各部分は、この法律の定めるところにより、それぞれ所有権の目的とすることができる。」と規定していますが、同条文ができる規定であるため区分所有登記のできる構造の家屋であっても区分所有登記がされていない建物であれば本特例の対象になるのではないか疑義が生じます。

　この点について、例えば、二世帯住宅やマンションなど構造上区分所有可能な建物であっても、区分所有建物である旨の登記がされていない場合や、区分所有建物である登記がされておらず単に共有の登記がされている建物は、「建物の区分所有等に関する法律第1条の規定に該当する建物」に該当しないこととなります。したがって、本特例の適用対象になります。

　また、本文の「区分所有建物」とは、被災区分所有建物の再建等に関する特別措置法第2条に規定する区分所有建物、すなわち、建物の区分所有等に関する法律第2条第3項に規定する専有部分が属する一棟の建物のことをいいます。

　なお、何ら構造上変更がないにもかかわらず、本特例の適用を受けるためのみの目的で被相続人の相続開始日前に区分所有建物から区分所有でな

い建物に変更登記したとしても、一棟の建物に構造上区分された部分で独立して住居等の用途に供することができるものであることは明らかですので、この変更登記した建物について本特例の適用はできません。

（参考）　措置法通達35－11《建物の区分所有等に関する法律第１条の規定に該当する建物》

　措置法第35条第５項第二号に規定する「建物の区分所有等に関する法律第１条の規定に該当する建物」とは、区分所有建物である旨の登記がされている建物をいうことに留意する。

（注）　上記の区分所有建物とは、被災区分所有建物の再建等に関する特別措置法第２条に規定する区分所有建物をいうことに留意する。

（参考）　建物の区分所有等に関する法律

第１条《建物の区分所有》

　一棟の建物に構造上区分された数個の部分で独立して住居、店舗、事務所又は倉庫その他建物としての用途に供することができるものがあるときは、その各部分は、この法律の定めるところにより、それぞれ所有権の目的とすることができる。

第２条《定義》

　この法律において「区分所有権」とは、前条に規定する建物の部分（第四条第二項の規定により共用部分とされたものを除く。）を目的とする所有権をいう。

２　この法律において「区分所有者」とは、区分所有権を有する者をいう。

３　この法律において「専有部分」とは、区分所有権の目的たる建物の部分をいう。

４　この法律において「共用部分」とは、専有部分以外の建物の部分、専

有部分に属しない建物の附属物及び第四条第二項の規定により共用部分とされた附属の建物をいう。

5〜6　省略

（参考）　被災区分所有建物の再建等に関する特別措置法
第2条　敷地共有者等集会等

　大規模な火災、震災その他の災害で政令で定めるものにより建物の区分所有等に関する法律（以下「区分所有法」という。）第2条第3項に規定する専有部分が属する一棟の建物（以下「区分所有建物」という。）の全部が滅失した場合（その災害により区分所有建物の一部が滅失した場合（区分所有法第61条第1項本文に規定する場合を除く。以下同じ。）において、当該区分所有建物が第11条第1項の決議又は区分所有者（区分所有法第2条第2項に規定する区分所有者をいう。以下同じ。）全員の同意に基づき取り壊されたときを含む。）において、その建物に係る敷地利用権（区分所有法第2条第6項に規定する敷地利用権をいう。以下同じ。）が数人で有する所有権その他の権利であったときは、その権利（以下「敷地共有持分等」という。）を有する者（以下「敷地共有者等」という。）は、その政令の施行の日から起算して3年が経過する日までの間は、この法律の定めるところにより、集会を開き、及び管理者を置くことができる。

問7　被相続人が居住の用に供していた家屋の判断基準

　空き家特例の対象となる家屋は、被相続人が居住の用に供していたものが対象となると思いますが、これに該当しているか否かの判断基準について教えてください。

答　本特例の対象となる被相続人居住用家屋は、相続開始の直前において、被相続人の居住の用に供されていた家屋である必要がありますが、「被相続人の居住の用に供されていた家屋」の判定は次によります。

　措置法第35条の第5項に規定する「被相続人の居住の用に供されていた家屋」とは、その者が生活の拠点として利用している家屋をいい、これに該当するかどうかは、その者及び配偶者等（社会通念に照らしその者と同居することが通常であると認められる配偶者その他の者をいいます。以下同じです。）の日常生活の状況、その家屋への入居目的、その家屋の構造及び設備の状況その他の事情を総合勘案して判定します。この場合、この判定に際し、次に掲げるような家屋は、その居住の用に供している家屋には該当しません（措通31の3－2）。

(1)　本特例の規定の適用を受けるためのみの目的で入居したと認められる家屋、その居住の用に供するための家屋の新築期間中だけの仮住いである家屋その他一時的な目的で入居したと認められる家屋（措通31の3－2）。

> （注）　被相続人が家屋に居住していた期間が、結果として、短期間であっても、当該家屋への入居目的が一時的なものでない場合には、当該家屋は上記に掲げる家屋には該当しません。

(2)　主として趣味、娯楽又は保養の用に供する目的で有する家屋
　　別荘のように娯楽や保養を目的とするものは、生活の拠点とは言えな

いので被相続人が居住の用に供していた家屋に該当しません。

(3) また、相続開始の直前において被相続人の居住の用に供されていた家屋が、例えば、主として当該被相続人の居住の用に供されていた母屋のほか、別棟の離れ、倉庫、蔵、車庫等の複数の建築物から構成される家屋であった場合は、措置法施行令第23条第8項の規定により、それらの建築物のうち、被相続人が主としてその居住の用に供していたと認められる一の建築物、つまり、母屋のみが被相続人居住用家屋に該当し、当該母屋以外の建築物は、被相続人居住用家屋には該当しないことになります（措通35－10）。

（参考通達）

措置法通達35－10《被相続人居住用家屋の範囲》

　被相続人から相続又は遺贈により取得した家屋が、措置法第35条第5項に規定する「相続の開始の直前において当該相続又は遺贈に係る被相続人の居住の用（対象従前居住の用を含む。）に供されていた家屋」に該当するかどうかの判定は、相続の開始の直前（当該家屋が対象従前居住の用に供されていた家屋である場合には、特定事由により当該家屋が被相続人の居住の用に供されなくなる直前）における現況に基づき、31の3－2に準じて取り扱うものとする。この場合において、当該被相続人の居住の用に供されていた家屋が複数の建築物から成る場合であっても、措置法令第23条第10項の規定により、それらの建築物のうち、当該被相続人が主としてその居住の用に供していたと認められる一の建築物のみが被相続人居住用家屋に該当し、当該一の建築物以外の建築物は、被相続人居住用家屋には該当しないことに留意する。

問8　用途上不可分な関係にある2つ以上の建築物の敷地の扱い

　亡母が住んでいた家屋の敷地には、母屋以外にも居住の用に供するために不可分の関係にある倉庫、車庫、蔵などが建っており、かなり広い土地でした。このような一団の土地については、被相続人の居住用家屋（母屋）の敷地のみが本特例の対象となるようですが、居住の用に供するため不可分の関係にある建物とは、どのようなものが該当しますか。

答　相続開始直前において、被相続人の居住の用に供されていた家屋の敷地が「用途上不可分の関係にある2以上の建築物」のある一団の土地であった場合における本特例の対象となる当該被相続人居住用家屋の敷地部分の面積は、措置法令第23条第9項の規定に基づき、当該土地の全体面積に相続開始直前における次の床面積割合を乗じて計算します。

≪算式≫

$$一団の土地 \times \frac{被相続人居住用家屋（母屋）の床面積}{被相続人居住用家屋（母屋）の床面積 + 被相続人居住用家屋以外の建築物の床面積}$$

　この場合「用途上不可分の関係にある2以上の建築物」とは、どのようなケースをいうかについて、例えば、母屋とこれに附属する離れ、倉庫、蔵、車庫のように、一定の共通の用途に供せられる複数の建築物であって、これを分離するとその用途に供することが困難となるような関係にあるものとされています。

そして、本特例の対象となる被相続人居住用家屋である措置法令第23条第8項に規定する「被相続人が主としてその居住の用に供していたと認められる一の建築物」とそれ以外の建築物とが「用途上不可分の関係」にあるかどうかは、社会通念に従い、相続開始の直前における現況において判定することとなります。

　したがって、例えば、相続開始の直前において母屋と別棟の離れがあった場合は、譲渡時点で既に別棟の離れのみが取り壊されていたとしても、本特例の適用対象となる被相続人居住用家屋の敷地等は、同条第9項の規定により、被相続人居住用家屋とそれ以外の建築物の床面積の合計のうちに占める、被相続人居住用家屋の床面積の割合を一団の土地の面積に乗じた部分に限られることになります。

〔参考判例〕

昭和57.12.14　東京高裁判決

　建築基準法施行令1条1号にいう二以上の建築物が「用途上不可分の関係にある」場合とは、住宅とこれに附属する物置、店舗とその用に供する倉庫のように、一定の共通の用途に供せられる複数の建築物であって、これを分離するとそのいずれかがその用途についての存在意義を失うような関係にある場合を指すものと解されるから、本件3階建工場と既存建物とは、その用途上不可分の関係にあるものではないというべきであり、かかる建物を建築するにあたっては、建築基準法上その敷地は、いずれも別個の敷地として建築されるべきものである。

┌─ **問9　被相続人居住用家屋の敷地等の範囲** ══

　空き家特例の適用に際して亡母の自宅は規模が大きく、母屋のほか、離れ、蔵、車庫などが建っていますが、これらは居住に際し必要なものなので、全て被相続人居住用家屋の敷地等として空き家特例の対象となりますか。

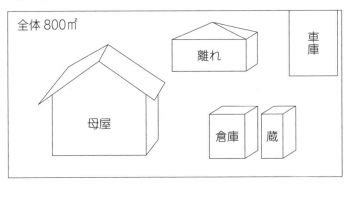

　答　相続開始直前において被相続人が居住していた家屋の敷地が広く、そこに被相続人居住用家屋のほか、用途上不可分の関係にある２つ以上の建物（離れ、蔵、車庫）が存していた時は、本特例の対象となる被相続人居住用家屋の敷地の範囲は、次の算式で計算した面積部分とされます。

┌─**≪算式≫**─

$$
\begin{array}{c}
\text{一団の土地} \\ \text{の面積}^{(注1)}
\end{array}
\times
\dfrac{\text{被相続人居住用家屋の床面積（母屋のみ）}}{\begin{array}{c}\text{被相続人居住}\\\text{用家屋の床面}\\\text{積（母屋のみ）}\end{array} + \begin{array}{c}\text{被相続人居住用}\\\text{家屋以外の建築}\\\text{物}^{(注2)}\text{の床面積}\end{array}}
\times
\dfrac{\begin{array}{c}\text{譲渡した土地}\\\text{の面積}^{(注3)}\end{array}}{\begin{array}{c}\text{一団の土}\\\text{地の面積}\end{array}}
$$

（注1）　被相続人以外の者が相続開始直前において所有していた土地等の面積も含まれます。

解説　被相続人居住用家屋の敷地等とは、相続開始の直前（当該土地が対象従前居住の用に供されていた被相続人居住用家屋の敷地の用に供されていた土地である場合には、特定事由により当該家屋が被相続人の居住の用に供されなくなる直前）において被相続人居住用家屋の敷地の用に供されていた土地又は土地の上に存する権利（借地権など）をいいます（措法35⑤）。

　ところで、広大な土地の一部分に被相続人居住用家屋が建築されているような場合には、被相続人居住用家屋の敷地の範囲はどこまで及ぶのか疑問が生じます。そこで、譲渡した土地又は土地の上に存する権利（以下「土地等」といいます。）が「当該被相続人居住用家屋の敷地の用に供されていた土地等」に該当するかどうかは、社会通念に従い、当該土地等が相続開始の直前（当該土地が対象従前居住の用に供されていた被相続人居住用家屋の敷地の用に供されていた土地である場合には、特定事由により当該家屋が被相続人の居住の用に供されなくなる直前）において被相続人居住用家屋と一体として利用されていた土地等であったかどうかにより判定することになります。

　そしてこの判定の結果、相続開始の直前において、当該土地が用途上不可分の関係にある2以上の建築物のある一団の土地であったと判断された場合には、上記算式により計算した面積に係る土地が被相続人居住用家屋

の敷地等となります。

　ご質問のように被相続人が主として居住の用に供していた母屋とは別に、離れ、倉庫、蔵、車庫などがその敷地にある場合には、たとえ離れ、倉庫、蔵、車庫などをその母屋と一体として利用していたとしても、その母屋部分のみが被相続人居住用家屋に該当することになりますので、本特例の対象となる被相続人居住用家屋の敷地の面積を算定するための上記算式の分母には、母屋、離れ、倉庫、蔵、車庫などの合計床面積を計上し、分子には、母屋の床面積を計上することになります。

　なお、これらの建築物について相続の時後に増築や取壊し等があった場合であっても、上記算式における床面積は、相続開始の直前における現況に基づいて計算します。

　そして、実際に本特例の適用対象となる被相続人居住用家屋の敷地等は相続等により取得をした部分の譲渡部分に限られています（措法35③）ので、その一団の土地の面積に上記算式の割合を乗じた部分に、その一団の土地の面積のうち相続又は遺贈により取得をした部分であって、譲渡をした部分の占める割合を乗じた部分に限られることとなります。

問10　被相続人居住用家屋の敷地等の範囲の具体例⑴

　父が相続開始直前に所有していたＡ土地は、全体で1,000㎡ありましたが、この敷地に父が所有する母屋（床面積350㎡、以下同じです。）、離れ（100㎡）、倉庫（50㎡）が建っており、父はそこに１人で住んでいました。

　父が亡くなり、遺産分割を行った結果、Ａ土地及びこれらの建物は、相続人の甲（長男）が３／４、乙（次男）が１／４を相続し、両者は、最終的にこれら土地及び建物（母屋を耐震基準にリフォームした後）を9,000万円（母屋1,000万円、土地8,000万円）で譲渡しました。

　この場合、甲及び乙の譲渡申告に当たり、空き家特例の対象となる被相続人居住用家屋の敷地等の範囲を教えてください。

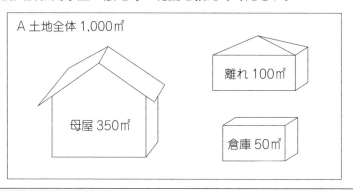

Ａ土地全体 1,000㎡

母屋 350㎡

離れ 100㎡

倉庫 50㎡

答　相続人甲及び乙の譲渡所得の申告に際し、本特例の対象となる被相続人居住用家屋の敷地等の範囲は次のとおりです。

　なお、下記算式のうち「被相続人居住用家屋」の床面積は、母屋の床面積（350㎡）だけとなります。

(1)　**相続人甲が譲渡した土地のうち被相続人居住用家屋の敷地等に該当する部分**

　相続人甲が譲渡した土地（1,000㎡×3/4）のうち、被相続人居住用家屋の敷地等に該当する部分の面積は、次の算式により計算した面積となります。

　上記より、相続人甲が譲渡した土地及び家屋の持分相当額（3/4）のうち、次の金額から譲渡経費を控除した金額が本特例の対象金額となります。ただし、特別控除額は、3,000万円が上限となります。

〔本特例の対象となる譲渡所得金額〕

・建物　1,000万円　×　3/4　＝　750万円

・土地　8,000万円　×　525㎡/1,000㎡　＝　4,200万円（※）

　※　甲が受領した土地の代金6,000万円（8,000万円×3/4）のうち、70％（居住用床面積350㎡/全体床面積500㎡）相当額4,200万円が特例対象金額となります。

(2)　**相続人乙が譲渡した土地のうち、被相続人居住用家屋の敷地等に該当する部分**

　相続人乙が譲渡した土地（1,000㎡×1/4）のうち、被相続人居住用家屋の敷地等に該当する部分の面積は、次の算式により計算した面積となります。

≪算式≫

（一団の面積）　　（被相続人の居住用家屋）　（譲渡面積）
1,000㎡ × ──────── 350㎡ ──────── × ── 250㎡ ── ＝ 175㎡
　　　　　　350㎡　＋　150㎡　　　1,000㎡
　　　　（被相続人の　（被相続人の居住　（一団の土地）
　　　　居住用家屋）　家屋以外の建築物）

　上記より、相続人乙が譲渡した土地及び家屋の持分相当額（1/4）の
うち、次の金額から譲渡経費を控除した金額が本特例の対象金額となりま
す。ただし、特別控除額は3,000万円が上限となります。

〔本特例の対象となる譲渡所得金額〕

・建物　1,000万円　×　1/4　＝　250万円

・土地　8,000万円　×　175㎡/1,000㎡　＝　1,400万円（※）

　※　乙が受領した土地の代金2,000万円（8,000万円×1/4）のうち、70％
　　　（居住用床面積350㎡/全体床面積500㎡）相当額1,400万円が特例対象金額と
　　　なります。

問11　被相続人居住用家屋の敷地等の範囲の具体例(2)

　父が相続開始直前に所有していたＡ土地（北町111、地積800㎡）及びＢ土地（北町112、地積200㎡）には、父が所有する母屋350㎡（床面積、以下同じです。）、離れ（100㎡）、倉庫（50㎡）が建っており、父はそこに１人で住んでいました。

　父が亡くなり遺産分割協議の結果、Ａ土地は相続人甲（長男）が、Ｂ土地は乙（次男）が取得し、これらの建物は甲が取得しました。

　最終的に両者はこれらの土地及び建物（母屋を耐震基準にリフォームした後）を9,000万円（母屋1,000万円、土地8,000万円）で譲渡しましたが、甲及び乙の譲渡申告に際し、本特例の対象となる被相続人居住用家屋の敷地の範囲を教えてください。

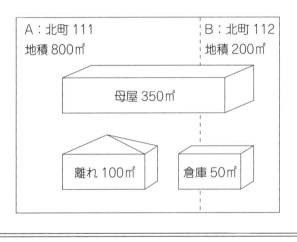

答　相続人甲及び乙の譲渡所得の申告に際し、本特例の対象となる被相続人居住用家屋の敷地等の範囲は次のとおりになります。

　なお、下記の算式のうち「被相続人居住用家屋」の床面積は、母屋の床面積（350㎡）だけとなります。

(1) 相続人甲が譲渡したＡ土地のうち、被相続人居住用家屋の敷地等に該当する部分

　相続人甲が譲渡したＡ土地（800㎡）のうち、被相続人居住用家屋の敷地等に該当する部分の面積は、次の算式により計算した面積となります。

≪算式≫

$$1,000㎡ \times \frac{350㎡}{350㎡ + 150㎡} \times \frac{800㎡}{1,000㎡} = 560㎡$$

（一団の面積）　　（被相続人の居住用家屋）　　　（譲渡面積）

（被相続人の居住用家屋）　　（被相続人の居住用家屋以外の家屋）　　　（一団の面積）

　上記より、相続人甲が譲渡した土地（8,000万円×800㎡/1,000㎡）及び家屋（1,000万円）のうち、次の金額から譲渡経費を控除した金額が本特例の対象金額となります。ただし、特別控除額は、3,000万円までの金額が上限となります。

〔本特例の対象となる譲渡所得金額〕

・建物　1,000万円

・土地　8,000万円　×　560㎡/1,000㎡　=　4,480万円（※）

　※　甲が受領した土地の代金6,400万円（8,000万円×800㎡/1,000㎡）のうち、70%（居住用床面積350㎡/全体床面積500㎡）相当額4,480万円が特例対象金額となります。

(2) 相続人乙が譲渡した土地のうち、被相続人居住用家屋の敷地等に該当する部分

　相続人乙は、被相続人から相続によりＢ土地を取得したものの、被相続人居住用家屋を取得していないため、本特例の適用を受けることはできません。

問12　被相続人居住用家屋の敷地等の範囲の具体例(3)

　母が相続開始直前に所有していたＡ土地（400㎡）と相続人甲が所有していたＢ土地（600㎡）の上には、母と相続人甲が共有（各1/2）していた母屋（350㎡）、被相続人単独所有の離れ（100㎡）及び倉庫（50㎡）が建っており、母はここに1人で住んでいました。

　母が亡くなり、遺産分割協議の結果、相続人甲（長男）が全てを相続し、更地にしてＡ土地及びＢ土地を9,000万円で譲渡しました。

　甲の譲渡所得の申告に際し、本特例の対象となる被相続人居住家屋の敷地等の範囲を教えてください。

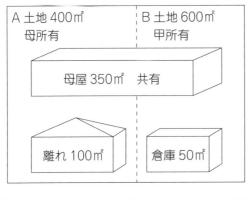

※母屋は，亡母と甲の共有（1/2）
離れ及び倉庫は亡母の単独所有

答　相続人甲は、被相続人居住用家屋（持分1/2）及び被相続人居住用家屋の敷地（Ａ地）を母から相続等により取得していますので本特例の適用は可能です。

　相続人甲の譲渡所得の申告に際し、本特例の対象となる被相続人居住用家屋の敷地等の範囲は相続人甲が譲渡したＡ土地及びＢ土地のうち、被相続人居住用家屋の敷地等に該当する部分の面積として、次の算式により計算した面積となります。

⑴ **相続人甲が譲渡したＡ土地（400㎡）について**

　本特例の対象となる敷地は、母から相続したＡ土地（400㎡）に限られます。

　また、Ａ土地には母屋のほか、離れ、倉庫などが建っていますが、母屋部分のみが本特例の対象となります。

　上記より、相続人甲が譲渡した土地（9,000万円）のうち、次の金額から譲渡経費を控除した金額が本特例の対象金額となります。

〔本特例の対象となる譲渡所得金額〕

・Ａ土地　9,000万円　×　280㎡/1,000㎡　=　2,520万円（※）

　※　甲が受領した土地の代金9,000万円のうち、母の相続等により取得した土地代金相当額の40％（400㎡/1,000㎡）で、かつ、その70％（居住用床面積350㎡/全体床面積500㎡）相当額2,520万円が特例対象金額となります。

⑵ **相続人甲が譲渡したＢ土地（600㎡）について**

　Ｂ土地は、母から相続により取得した土地ではないため、譲渡代金の5,400万円相当額（9,000万円×600㎡/1,000㎡）については、本特例の適用を受けることはできません。

┌ 問13　被相続人居住用家屋の敷地等の範囲を家屋の床面積 ┐
　　　割合で計算する場合において一部未登記建物がある場
　　　合

　甲は、昨年に死亡した乙（亡父）から相続した乙の自宅であったＡ
家屋（母屋）、Ｂ家屋（離れ）及びＣ車庫を本年5月に取り壊した後、
これらの敷地（Ｄ土地）を7,500万円で譲渡しました。

　なお、Ａ家屋とＤ土地については登記をしていましたが、Ｂ家屋及
びＣ車庫は未登記でした。

　被相続人居住用家屋の敷地等の判定に当たって、被相続人居住用家
屋（母屋）の床面積と被相続人居住用家屋以外の建築物の床面積が必
要となりますが、Ａ家屋（母屋）については登記事項証明書の床面積
により、Ｂ家屋及びＣ車庫については固定資産台帳の床面積により計
算することができますか。

答　ご質問のとおり、被相続人居住用家屋の敷地等の範囲について、Ａ
家屋（母屋）については登記事項証明書の床面積により、Ｂ家屋（離れ）
及びＣ車庫については固定資産台帳の床面積により計算しても差し支えな
いと考えます。

解説　空き家特例の適用について、相続開始の直前において、被相続
人の居住の用に供されていた家屋の敷地の用に供されていた土地が「用途
上不可分の関係にある2以上の建築物」のある一団の土地であった場合に
おける当該被相続人居住用家屋の敷地の判定は、当該土地の面積に、被相
続人居住用家屋とそれ以外の建築物の床面積の合計のうちに、被相続人居
住用家屋の床面積の占める割合を乗じて計算した面積に係る土地の部分に

限ることとされています。

　譲渡した資産が、措置法第35条第３項に規定する被相続人居住用家屋又は被相続人居住用家屋の敷地等の要件に該当することについては、被相続人居住用家屋及び被相続人居住用家屋の敷地等の登記事項証明書その他の書類を添付することによって明らかにすることとされていることから、A家屋については登記事項証明書の床面積により、B家屋及びC車庫については固定資産台帳に記載のある建物の床面積に基づき計算したとしても差し支えないと考えます。

問14　被相続人居住用家屋が店舗兼住宅等であった場合⑴

　亡母は、1人で2階建の建物に住んでいましたが、1階部分を店舗として貸付けていました。

　このような店舗併用住宅の場合、「被相続人の居住の用に供されていた部分」の判定はどのようにして行いますか。

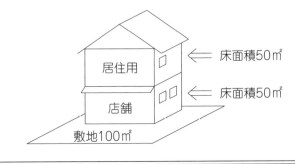

床面積50㎡
居住用

床面積50㎡
店舗

敷地100㎡

答　被相続人居住用家屋又は被相続人居住用家屋の敷地等が、ご質問のように店舗併用住宅のように居住用部分と非居住用部分（店舗が事業の廃業により未利用の状態にある部分を含みます。）とから成る家屋とその敷地だった場合、本特例の対象となる被相続人居住用家屋及びその敷地は、相続開始の直前において「被相続人の居住の用に供されていた部分」のみとなります。

　そして、具体的に「被相続人の居住の用に供されていた部分」の判定については、当該相続開始直前（被相続人居住用家屋が対象従前居住の用に供されていた家屋である場合には、特定事由により当該家屋が被相続人の居住の用に供されなくなる直前）における利用状況に基づき、次のように判定します（措法35－15、31の3－7）。

　なお、この質問の前提は、被相続人が居住していた家屋の一部に非居住用部分（店舗）があった場合であり、被相続人の居住用家屋の敷地等に用

途上不可分の2つ以上の建築物がある場合とは質問の前提が異なります。

(1) 家屋のうち居住の用に供している部分は、次の算式により計算した面積に相当する部分となります。

≪算式≫

$$\begin{pmatrix} 家屋のうち \\ 居住の用に \\ 専ら供して \\ いる部分の \\ 床面積（A） \end{pmatrix} + \begin{pmatrix} 家屋のうち居住 \\ の用と居住の用 \\ 以外の用途に併 \\ 用されている部 \\ 分の床面積 \end{pmatrix} \times \frac{（A）}{（A）+ \begin{array}{c} 居住の用以外の用に専ら供 \\ されている部分の床面積 \end{array}}$$

(2) 土地等のうち居住の用に供している部分は、次の算式により計算した面積に相当する部分となります。

≪算式≫

$$\begin{pmatrix} 土地等のうち \\ 居住の用に専 \\ ら供している \\ 部分の面積 \end{pmatrix} + \begin{pmatrix} 土地等のうち居住の \\ 用と居住の用以外の \\ 用途に併用されてい \\ る部分の面積 \end{pmatrix} \times \frac{家屋の床面積のうち(1)の算式により計算した床面積}{家屋の床面積}$$

解説　被相続人居住用家屋又は被相続人居住用家屋の敷地等が、例えば、店舗併用住宅のように居住用部分と非居住用部分（店舗が事業の廃業により未利用の状態にある部分を含みます。）とから成る家屋及びその敷地等であった場合における本特例の適用については、これらの家屋及び敷地等のうち相続開始直前において「被相続人の居住の用に供されていた部分」のみが、本特例の対象となります（措令23③④）。

　この「被相続人の居住の用に供されていた部分」の判定方法については、その相続開始直前（当該被相続人居住用家屋が対象従前居住の用に供されていた家屋である場合には、特定事由により当該家屋が被相続人の居住の用に供されなくなる直前。以下において同じです。）における利用状況に基づき、措置法通達31の３－７《店舗兼住宅等の居住部分の判定》に準じて、計算します。

　ところで、被相続人居住用家屋及び被相続人居住用家屋の敷地等の譲渡については、相続の時後（被相続人居住用家屋が対象従前居住の用に供されていた家屋である場合には、特定事由により家屋が被相続人の居住の用に供されなくなった時後）に被相続人居住用家屋につき行われた増築等（被相続人居住用家屋の全部の取壊し又は除却をした後にするもの及びその全部が滅失をした後にするものを除きます。以下同じです。）に係る部分も含めて本特例の適用対象とされています。

　しかしながら、その譲渡した被相続人居住用家屋が相続の時後に行われた増築等により当該被相続人居住用家屋の床面積が増減した場合であっても、被相続人が居住していた家屋の床面積及びその敷地の範囲は、相続開始直前における当該被相続人居住用家屋の床面積を基に行うこととされています（措令23③）。

　また、相続開始直前における被相続人の居住の用に供されていた部分が被相続人居住用家屋又は被相続人居住用家屋の敷地等のおおむね90％以上である場合については、居住用財産を譲渡した場合の特例（措法35条第1項）の場合と同様に、措置法通達31の３－８《店舗等部分の割合が低い家屋》に準じて、その被相続人居住用家屋又は被相続人居住用家屋の敷地等の全部が被相続人の居住の用に供されていた部分に該当するものとして取り扱うことができるとされています。

問15　被相続人居住用家屋が店舗兼住宅等であった場合⑵

　母は亡くなる直前下記のような店舗兼住宅に１人で住んでいました。私は亡母の不動産を相続により取得した後、家屋部分をリフォームして5,400万円（家屋600万円、土地4,800万円）で譲渡しましたが、この譲渡について空き家特例の適用を受けることができますか。また、適用できる場合の特定居住用家屋及び特定居住用家屋の敷地の面積を教えてください。

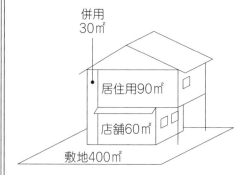

併用
30㎡

居住用90㎡

店舗60㎡

敷地400㎡

・譲渡家屋の対価　　600万円

・譲渡土地の対価　4,800万円

答　あなたは、亡母から相続により母が１人で住んでいた店舗併用住宅を相続により取得し、その後譲渡していますので、居住用部分については本特例を適用することができますが、店舗部分には本特例を適用することはできません。

　この場合の本特例の対象となる相続人居住用家屋及びその敷地の面積は、次のとおりとなります。

⑴　亡母が居住していた家屋のうち、本特例の対象となる家屋の床面積は
　　次のとおりです。

$$
\underset{\text{（居住部分）}}{90\text{㎡}} \;+\; \underset{\text{（併用部分）}}{30\text{㎡}} \;\times\; \frac{\overset{\text{（居住部分）}}{90\text{㎡}}}{\underset{\text{（居住部分）}}{90\text{㎡}} + \underset{\text{（店舗部分）}}{60\text{㎡}}} \;=\; \underset{\text{（特例対象床面積）}}{108\text{㎡}}
$$

よって、本特例の対象となる家屋の譲渡対価の額は、次のとおりです。

$$
\underset{\text{（譲渡対価）}}{600\text{万円}} \;\times\; \frac{\overset{\text{（居住部分）}}{108\text{㎡}}}{\underset{\text{（全体）}}{180\text{㎡}}} \;=\; \underline{\textbf{360万円}}
$$

（参考）　本特例の適用対象外の店舗の部分の譲渡金額

600万円 － 360万円 ＝ 240万円

⑵　亡母が居住していた家屋の敷地のうち、本特例の対象となる敷地の面積は次のとおりです。

$$
\underset{\substack{\text{（居住用と店舗}\\\text{用の敷地）}}}{400\text{㎡}} \;\times\; \frac{\overset{\text{（前記⑴の床面積）}}{108\text{㎡}}}{\underset{\text{（全体床面積）}}{180\text{㎡}}} \;=\; \underset{\substack{\text{（特例対象敷}\\\text{地の面積）}}}{240\text{㎡}}
$$

よって、本特例の対象となる土地の譲渡対価の額は、次のとおりです。

$$
\underset{\text{（譲渡対価）}}{4{,}800\text{万円}} \;\times\; \frac{\overset{\text{（居住部分）}}{240\text{㎡}}}{\underset{\text{（全体）}}{400\text{㎡}}} \;=\; \underline{\textbf{2,880万円}}
$$

（参考）　本特例の適用対象外の店舗の部分の敷地の譲渡価額

4,800万円 － 2,880万円 ＝ 1,920万円

問16　被相続人以外に居住していた者の範囲

　空き家特例の適用に当たっては、被相続人居住用家屋に相続開始の直前において被相続人以外に居住していた者がいなかったことが要件とされていますが、「被相続人以外に居住していた者」の範囲について教えてください。

答　「被相続人以外に居住していた者」とは、被相続人の居住の用に供されていた家屋を生活の拠点として利用していた被相続人以外の者のことをいい、当該被相続人の親族のほか、賃借等により被相続人の居住の用に供されていた家屋の一部に居住していた者も含まれます。

解説　被相続人の居住の用に供されていた家屋が、本特例の適用対象となる被相続人居住用家屋に該当するためには、「相続開始の直前において被相続人以外に居住していた者がいなかったこと（当該被相続人の当該居住の用に供されていた家屋が対象従前居住の用に供されていた家屋である場合には、当該特定事由により当該家屋が居住の用に供されなくなる直前において当該被相続人以外に居住していた者がいなかったこと。以下同じです。）」、すなわち、相続開始直前において、その家屋に被相続人が1人で居住していたことが要件の一つとされています（措法35⑤三）。

　ここで規定する「相続開始直前において当該被相続人以外に居住をしていた者がいなかったこと」とは、一般的には、相続開始直前において、被相続人以外に、被相続人の居住の用に供していた家屋を生活の拠点として利用していた者がいなかった場合をいうと考えられます。

　例えば、甲が平日はA市の実家（父親の家）から通勤し、週末はB市の自宅（妻子と居住）で暮らしているなど、いずれも生活の拠点となるため、

この時点で父親に相続が発生すれば、A市の家屋には、被相続人以外に居住していた者がいたことになるので、本特例の適用対象には該当しないことになります。この点、「相続開始の直前において被相続人以外に居住していた者がいなかった」ことの判定では、主たる住居として利用している者を言うのではなく、生活の拠点として利用している者がいれば該当することになります。

　また、措置法第35条第5項第三号では、「被相続人以外に居住していた者がいなかったこと」と規定し、「被相続人と同居していた者がいなかったこと」とは規定していないことから、仮に、被相続人の居住の用に供されていた家屋の一部を借受けるなどして被相続人とは独立して居住し、被相続人と同居していない場合であっても、その家屋の一部を生活の拠点として利用している者がいる場合は、その家屋は空き家とは認められず、これらの者についても、同号に規定する「当該相続の開始の直前において当該被相続人以外に居住をしていた者（被相続人の居住の用に供されていた家屋が対象従前居住の用に供されていた家屋である場合には、特定事由により当該家屋が居住の用に供されなくなる直前において当該被相続人以外に居住していた者）」に該当することとなります。

（参考通達）

措置法通達35-12《「被相続人以外に居住をしていた者」の範囲》

　措置法第35条第5項第3号に規定する「当該被相続人以外に居住をしていた者」とは、相続の開始の直前（当該被相続人の居住の用に供されていた家屋が対象従前居住の用に供されていた家屋である場合には、特定事由により当該家屋が居住の用に供されなくなる直前）において、被相続人の居住の用に供されていた家屋を生活の拠点として利用していた当該被相続

人以外の者のことをいい、当該被相続人の親族のほか、賃借等により当該
被相続人の居住の用に供されていた家屋の一部に居住していた者も含まれ
ることに留意する。

問17　出張の時だけ居住していた被相続人居住用家屋

　空き家特例の適用に当たって、相続開始直前において被相続人居住用家屋に被相続人以外の者が居住していた場合には適用を受けることはできません。

　亡甲の長男は、現在、福岡県に家族とともに住んでいますが、会社の出張の時だけ亡甲の居宅にも泊まっていました（年２、３回）。

　このようなケースにおいて「相続開始の直前において被相続人以外に居住していた者がいなかった」要件に抵触しますか。

答　ご質問のケースは、出張の時だけ亡甲の家に泊まっていたということですが、その回数も少なく、生活の拠点は福岡県にあることから、「相続開始の直前において被相続人以外に居住していた者がいなかった」要件には抵触しないと考えます。

　なお、本特例は、相続開始時点の利用状況要件のほか、相続後における利用状況要件もありますが、例えば、相続した後の家屋（耐震基準によるリフォーム後）については、相続時から譲渡時まで事業の用、貸付けの用又は居住の用に供されたことがないものとされており、一時的な利用であっても、当該利用の事実があれば適用は困難となります。

　したがって、相続開始後、長男が出張の際に被相続人居住用家屋を利用している場合には、相続後における利用状況要件に抵触すると考えます。

問18 被相続人を介護するために週4〜5回泊まっていた場合

空き家特例の適用に当たっては、相続開始の直前において被相続人居住用家屋に被相続人以外の者が居住していた場合には、適用を受けることができません。ところで、甲（母）の長男は、甲が身体上不自由になってきたことから、亡くなる2年位前から週4〜5回程度、甲の家に泊まっていました。

このようなケースで、「相続開始の直前において被相続人以外に居住していた者がいなかった」要件に抵触しますか。

答 甲の長男は、相続開始の直前2年位前から家族と生活する居宅を離れ、週4〜5回程度、亡甲と一緒に生活していたということですが、生活の本拠が別にあるとは言え、週4〜5回程度亡母と同居していたとなると生活の拠点としていたと判断される可能性もあると考えます。

解説 措置法通達35-12《被相続人以外に居住していた者の範囲》によると、例えば、平日はA市の父親の元から通勤し、週末はB市の妻子の元で暮らしているなどのときは、いずれも生活の拠点であることから、その時点で父親に相続が生じればA市の父親の居宅には被相続人以外の者がいたことになるため、当該家屋は本特例の適用対象外になると規定しています。

上記より、ご質問についても週4〜5回通っているというのであれば別ですが、泊まっているということになると、亡母とともに生活の拠点としていたと判断される可能性もあると考えます。

なお、被相続人以外に居住者がいなかったかどうかの判定においては、

主たる生活の拠点としている者がいなかったことと規定されているわけではないため、ご質問のように週4～5回被相続人と一緒に生活している場合には、要件に抵触することも考えられます。

問19　配偶者が老人ホームに入居していた場合の被相続人以外に居住者がいなかったかの判定

　父が居住していた建物及びその敷地を長男の私が相続しましたが、母は父の相続開始前の１年位前から介護老人施設に入居していたため、父は自宅で１人で生活していました。

　父の死後、４か月後に母も亡くなってしまったため、空き家を取り壊して譲渡する予定です（４か月の間に母との間で遺産分割協議は成立しています。）。

　この場合、父の相続開始時点において、母は介護老人施設に入居していましたが「相続開始直前に被相続人以外に居住していた者がいなかった」という要件に抵触しますか。

答　空き家特例の適用に当たり、介護施設にいる母が父と同居していたかについて、亡母は、介護施設で生活しており、亡父と同居していたわけではありませんので、「被相続人以外に居住していた者がいなかった」という要件に抵触しないと考えます。

解説　空き家特例の対象となる被相続人居住用家屋及びその敷地とは、相続開始直前において「被相続人が１人で居住の用に供されていた家屋及びその敷地等」（以下「自宅」といいます。）ですが、被相続人が相続開始直前に介護施設等に入居していて自宅には居住していなかった場合であっても、特定事由により介護老人ホームに入居し、その入居後から相続時まで空き家のままで居住の用に供しないなどの一定の要件の下で転居前自宅について本特例を適用することができます（措法35⑤、措令23⑥）。

　このため、被相続人と同居していた親族（配偶者など）が相続開始直前

に介護施設等に入居していて自宅には居住していなかった場合であっても自宅に居住していたとみなされ、本特例の適用要件の１つである「相続開始直前に被相続人以外に居住をしていた者がいなかった」（措法35⑤三）の要件に抵触するのではないか疑義が生じます。

　しかし、措置法第35条第５項は、被相続人が相続開始直前に自宅に居住していなかった場合でも特定事由により介護施設に入居し、自宅を空き家のまま存続させるなど一定の事由があれば本特例の適用を認める規定であり、被相続人と同居していた親族（ご質問では被相続人の妻）を一定の事由の下で自宅に居住していたとみなす規定ではありません。

　また、措置法通達35－12においては、「被相続人以外に居住をしていた者」としており、「同居」としているわけではなくその範囲については「被相続人の居住の用に供されていた家屋を生活の拠点として利用していた当該被相続人以外の者」としています。

　したがって、ご質問のケースでは、母親の生活の拠点が介護施設にあることから母親は「被相続人以外に居住をしていた者」には該当しないため、本特例を適用することは可能と考えます。

問20　相続等により取得した被相続人居住用家屋の利用制限

　空き家特例の適用に際し、被相続人が1人で住んでいた居住用不動産を相続等により取得した後、その建物等を譲渡する場合には、耐震基準を満たすようリフォーム工事を施す必要がありますが、利用に関しては、譲渡時（相続開始日から3年を経過する日の属する年の12月31日までの期間）まで従前と同じ状態を継続しなければならないと聞いています。

　この利用制限について詳しく教えてください。

答　相続等により取得した被相続人居住用家屋を譲渡するに当たり、本特例の適用を受けるためには、相続時から譲渡時まで事業の用、貸付けの用又は居住の用に供されていないことが要件とされています。

解説　被相続人が1人で住んでいた居住用家屋及びその敷地を相続等により取得し、その後、その家屋等を譲渡した場合において、譲渡所得の申告で本特例の適用を受けるためには、その家屋を、耐震基準を満たすようにリフォームする必要があります。さらに、譲渡する被相続人居住用家屋の利用制限として「当該相続の時から当該譲渡の時まで事業の用、貸付けの用又は居住の用に供されていたことがないこと」が要件の一つとされています（措法35③一イロ）。

　また、相続等により取得した被相続人居住用家屋の敷地等の譲渡（被相続人居住用家屋を取壊して更地売却）に関する利用制限としては、譲渡日までに被相続人居住用家屋が全て取り壊され若しくは除却されていること又はその全てが滅失していること（令和6年より翌年の2月15日までに取

壊し等が完了すること）に加え、「①当該相続の時から当該取壊し除却又は滅失の時まで事業の用、貸付けの用又は居住の用に供されていないこと及び②被相続人居住用家屋の取壊し、除却又は滅失の時から譲渡時まで建物又は構築物の敷地の用に供されていないこと」が要件とされています。

　これらの家屋及びその敷地の利用制限について、例えば、相続の時後に一時的に被相続人居住用家屋又は被相続人居住用家屋の敷地等の一部を貸付けていた場合など、相続時から譲渡（又は家屋の取壊し、除却又は滅失）の時までの間において、どの程度事業の用、貸付けの用又は居住の用に供されていた場合に、「事業の用、貸付けの用又は居住の用に供されていたこと」となるのか疑義が生じます。

　この点について、本特例における利用制限は、相続時から譲渡等の時までの間、空き家として何らの用途にも供されない土地等又は家屋を前提としていることから、たとえ一時的な利用であっても、事業の用、貸付けの用又は居住の用に供されていた事実が認められる場合には、「事業の用、貸付けの用又は居住の用に供されていたこと」になり、本特例の適用要件を満たさないことになります（措通35－16）。

　また、「貸付けの用」には、賃貸借の有償による貸付けのみならず、使用貸借による無償での貸付けも含まれるとされています。

（参考通達）

措置法通達35－16《相続の時から譲渡の時までの利用制限》
　措置法第35条第3項第1号イ、第2号イ及びロ並びに第3号に規定する「事業の用、貸付けの用又は居住の用に供されていたことがないこと」の要件の判定に当たっては、相続の時から譲渡の時までの間に、被相続人居住用家屋又は被相続人居住用家屋の敷地等が事業の用、貸付けの用又は居

住の用として一時的に利用されていた場合であっても、事業の用、貸付けの用又は居住の用に供されていたこととなることに留意する。また、当該貸付けの用には、無償による貸付けも含まれることに留意する。

問21　被相続人居住用家屋を現存のまま譲渡する要件

　本特例の適用に際し、被相続人が居住していた家屋を譲渡対象とする場合には、相続時から譲渡時までに、事業の用、貸付けの用又は居住の用に供されていたことがないことのほか、譲渡時において、地震に対する安全性に係る基準等一定のものに適合していることが要件だと聞きました。この基準について詳しく教えてください。

答　被相続人居住用家屋（取り壊されない）を本特例の適用対象とする場合の要件として、被相続人居住用家屋を相続時から譲渡時まで従前と同じ空き家状態にしておく必要があるほか、譲渡時に、その家屋は地震に対する安全性に係る規程又は基準として一定のものに適合していなければなりません。

　この「地震に対する安全性に係る規定又は基準として一定のもの」とは、建築基準法施行令第3章及び第5章の4の規定又は国土交通大臣が財務大臣と協議して定める地震に対する安全性に係る基準とされています（措法35③一ロ、措令23⑤、平成17年国土交通省告示第393号）。

　そして、この基準は「平成18年国土交通省告示第185号において定める地震に対する安全上耐震関係規定に準ずるものとして国土交通大臣が定める基準」とされ、具体的には、建築物の耐震改修の促進に関する法律第4条第2項第3号に掲げる建築物の耐震診断及び耐震改修の実施について技術上の指針となるべき事項に定めるところにより耐震診断を行った結果、地震に対して安全な構造であることが確かめられることとされています（平成18年国土交通省告示第185号）。

　具体的には、次の証明書が必要となります。

〔被相続人居住用家屋の耐震基準適合証明書又は建設住宅性能評価書の写し〕

証明書類	発行機関
耐震基準適合証明書（201ページ参照） （注） 被相続人居住用家屋の譲渡又はその家屋の取得の日前2年以内にその証明のための家屋の調査が終了したものに限ります。	・ 建築士（建築士法第2条第1項） ・ 指定確認検査機関（建築基準法第77条の21第1項） ・ 登録住宅性能評価機関（住宅に品質確保の促進等に関する法律第5条第1項） ・ 住宅瑕疵担保責任保険法人（特定住宅瑕疵担保責任の履行の確保等に関する法律第17条第1項）
建設住宅性能評価書の写し（202ページ参照） （注） 被相続人居住用家屋の譲渡又はその家屋の取得の日前2年以内に評価されたもので、耐震等級に係る評価が1、2又は3であるものに限ります。	登録住宅性能評価機関

※ なお、令和5年度の税制改正により、譲渡の日の属する年分の翌年2月15日までに被相続人居住用家屋が耐震基準を満たすことになった場合にも本特例の適用が可能になったことから、対象譲渡の日の属する年の翌年2月15日までの期間内に被相続人居住用家屋が耐震基準に適合することになったことを確認した書類について、次のように追加されました。

　すなわち、被相続人居住用家屋を耐震基準に適合させるための工事（その譲渡の日から同月の属する翌年の2月15日までに完了したものに限ります。）

の完了の日からその譲渡の日の属する年分の確定申告書の提出日までの期限内にその証明のための家屋の調査が終了したものであることが要件とされています。

問22 耐震基準を満たしている昭和56年 5 月31日以前に建築された建物の譲渡

　甲は、昨年に死亡した乙（亡父）から、乙が一人で住んでいた居住用不動産（土地及び建物）を相続により取得しました。

　相続した家屋は昭和54年に新築されたものですが相続開始時において地震に対する安全性に係る規定又は基準に適合する家屋であったため、耐震リフォームの改築等を行わずに、今年、そのまま家屋及びその敷地を譲渡しました。

　この場合、甲は、空き家特例の適用を受けることができますか。

 　甲は、本特例の適用を受けることができます。

　被相続人居住用家屋には、当該相続開始時後に当該相続人居住用家屋につき行われた増築、改築（一定のものを除きます。）、修繕又は模様替に係る部分を含むものとしています。これは、被相続人の本特例の適用を受けるための一定の要件のうち、「当該譲渡の時において地震に対する安全性に係る規定又は基準として政令で定めるものに適合するものであること」を満たすことが求められているためであり、ご質問のように、「譲渡の時」において既に当該安全性に係る規定又は基準を満たしていれば、耐震リフォームを改めて行う必要はないことから、甲は、相続開始時の状態で譲渡しても本特例の適用を受けることができます。

　なお、本特例の適用に際し家屋は昭和56年 5 月31日以前に建築されたものである必要があるほか、確定申告する際に耐震基準適合証明書又は建設住宅性能評価書の写しを添付する必要がありますがその証明書は、当該被相続人居住用家屋の譲渡の日前 2 年以内に証明のための調査が終了している又は評価されている必要があることに留意してください。

問23　被相続人が老人ホーム等に入居している場合の空き家特例の適用要件

　空き家特例の創設当初は、適用対象となる家屋等は相続開始直前において被相続人の居住の用に供されていた家屋等とされており、令和元年の改正によって、被相続人が老人ホームに転居していても、一定の要件を満たせば老人ホームに移転する前に居住していた家屋及びその敷地が空き家特例の対象となると聞きました。これについて詳しく教えてください。

答　本特例の創設当初は、適用対象となる資産は、相続開始直前において被相続人の居住の用に供されていた家屋及びその敷地等に限るとされていました。しかし、その者の身体上又は精神上の理由により介護を受ける必要があり、老人ホーム等に入居し自宅を離れなければならなくなる一方で、実際には、自宅を離れた後も、一時的に元の自宅に戻り、又は元の自宅を家財置場等として使用する場合もあります。こうした場合には、その者が老人ホーム等に入居していても一律に元の自宅から生活の拠点を移転したとはいえず、元の自宅が空き家となったとは断定できないことから、令和元年度の税制改正により被相続人が相続開始の直前において老人ホーム等に入居していた場合であっても、一定の要件の下で転居する前の自宅について、本特例を適用することができることになりました。

　具体的には、被相続人居住用家屋及び被相続人居住用家屋の敷地等の対象に、「対象従前居住の用に供されていた家屋及びその家屋の敷地の用に供されていた土地又は土地の上に存する権利（対象従前居住の用に供されていた被相続人居住用家屋及び被相続人居住用家屋の敷地等）」が追加されました（措法35⑤）。

(1) 対象従前居住の用

この「対象従前居住の用に供されていた家屋及びその敷地」とは、相続開始直前において被相続人の居住の用に供されていなかった家屋及びその敷地（次の一定の要件を満たす場合に限ります。）のうち、特定事由により居住の用に供されなくなる直前のその被相続人が居住の用に供していた自宅をいいます（措法35⑤、措令23⑦）。

〔一定の要件〕

イ	特定事由により被相続人居住用家屋が被相続人の居住の用に供されなくなった時から相続開始直前まで引き続きその被相続人の物品の保管等の用に供されていたこと。
ロ	特定事由により被相続人居住用家屋が被相続人の居住の用に供されなくなった時から相続開始直前まで事業の用、貸付けの用又はその被相続人以外の者の居住の用に供されていたことがないこと。
ハ	被相続人が下記(2)に記載する住居又は施設（以下「養護老人ホーム等」といいます。）に入居又は入所をした時から相続開始の直前までの間においてその被相続人の居住の用に供する家屋が2以上ある場合には、これらの家屋のうち、その養護老人ホーム等がその被相続人が主としてその居住の用に供していた一の家屋に該当するものであること。

(2) 特定事由

特定事由とは、次に掲げる事由とされています（措法35⑤、措令23⑥、措規18の2③）。

イ　介護保険法第19条第1項に規定する要介護認定若しくは同条第2項に規定する要支援認定を受けていた被相続人又は被相続人居住用家屋が被

相続人の居住の用に供されなくなる直前において介護保険法施行規則第140条の62の4第二号^(注)に該当していた被相続人が、次に掲げる住居又は施設に入居又は入所をしていたこと。

① 老人福祉法第5条の2第6項に規定する認知症対応型老人共同生活援助事業が行われる住居、同法第20条の4に規定する養護老人ホーム、同法第20条の5に規定する特別養護老人ホーム、同法第20条の6に規定する軽費老人ホーム又は同法第29条第1項に規定する有料老人ホーム

② 介護保険法第8条第28項に規定する介護老人保健施設又は同条第29項に規定する介護医療院

③ 高齢者の居住の安定確保に関する法律第5条第1項に規定するサービス付き高齢者向け住宅（イの有料老人ホームを除きます。）

> （注）　具体的には、「介護保険法施行規則第140条の62の4第二号の規定に基づき厚生労働大臣が定める基準（平成27年厚生労働省告示第197号）」（基本チェックリスト）に該当していた者（介護予防・生活支援サービス事業対象者）をいいます。介護保険法の要介護認定などを受けていない場合であっても、この基本チェックリストに該当することにより、介護予防・生活支援サービス事業によるサービスを受けることができます。

ロ　障害者の日常生活及び社会生活を総合的に支援するための法律第21条第1項に規定する障害支援区分の認定を受けていた被相続人が同法第5条第11項に規定する障害者支援施設（同条第10項に規定する施設入所支援が行われるものに限ります。）又は同条第17項に規定する共同生活援助を行う住居に入所又は入居をしていたこと。

（参考）　介護保険法等

○　介護保険法

第19条《市町村の認定》

1　介護給付を受けようとする被保険者は、要介護者に該当すること及びその該当する要介護状態区分について、市町村の認定（以下「要介護認定」という。）を受けなければならない。

2　予防給付を受けようとする被保険者は、要支援者に該当すること及びその該当する要支援状態区分について、市町村の認定（以下「要支援認定」という。）を受けなければならない。

第8条

1〜27　省略

28　この法律において「介護老人保健施設」とは、要介護者であって、主としてその心身の機能の維持回復を図り、居宅における生活を営むことができるようにするための支援が必要である者（その治療の必要の程度につき厚生労働省令で定めるものに限る。以下この項において単に「要介護者」という。）に対し、施設サービス計画に基づいて、看護、医学的管理の下における介護及び機能訓練その他必要な医療並びに日常生活上の世話を行うことを目的とする施設として、第九十四条第一項の都道府県知事の許可を受けたものをいい、「介護保健施設サービス」とは、介護老人保健施設に入所する要介護者に対し、施設サービス計画に基づいて行われる看護、医学的管理の下における介護及び機能訓練その他必要な医療並びに日常生活上の世話をいう。

29　この法律において「介護医療院」とは、要介護者であって、主として長期にわたり療養が必要である者（その治療の必要の程度につき厚生労働省令で定めるものに限る。以下この項において単に「要介護者」という。）に対し、施設サービス計画に基づいて、療養上の管理、看護、医

学的管理の下における介護及び機能訓練その他必要な医療並びに日常生活上の世話を行うことを目的とする施設として、第百七条第一項の都道府県知事の許可を受けたものをいい、「介護医療院サービス」とは、介護医療院に入所する要介護者に対し、施設サービス計画に基づいて行われる療養上の管理、看護、医学的管理の下における介護及び機能訓練その他必要な医療並びに日常生活上の世話をいう。

〇　介護保険法施行規則

第140条の62の４ 《法第115条の45第１項第１号の厚生労働省令で定める被保険者》

　法第115条の45第１項第１号の厚生労働省令で定める被保険者は、次のいずれかに該当する被保険者とする。

一　居宅要支援被保険者

二　厚生労働大臣が定める基準に該当する第一号被保険者（２回以上にわたり当該基準の該当の有無を判断した場合においては、直近の当該基準の該当の有無の判断の際に当該基準に該当した第一号被保険者）（要介護認定を受けた第一号被保険者においては、当該要介護認定による介護給付に係る居宅サービス、地域密着型サービス及び施設サービス並びにこれらに相当するサービスを受けた日から当該要介護認定の有効期間の満了の日までの期間を除く。）

三　省略

〇　老人福祉法

第５条の２ 《定義》

１〜５　省略

６　この法律において、「認知症対応型老人共同生活援助事業」とは、第10条の４第１項第５号の措置に係る者又は介護保険法の規定による認知症対応型共同生活介護に係る地域密着型介護サービス費若しくは介護予

防認知症対応型共同生活介護に係る地域密着型介護予防サービス費の支給に係る者その他の政令で定める者につき、これらの者が共同生活を営むべき住居において入浴、排せつ、食事等の介護その他の日常生活上の援助を行う事業をいう。

7　省略

第20条の4 《養護老人ホーム》

養護老人ホームは、第11条第1項第1号の措置に係る者を入所させ、養護するとともに、その者が自立した日常生活を営み、社会的活動に参加するために必要な指導及び訓練その他の援助を行うことを目的とする施設とする。

第20条の5 《特別養護老人ホーム》

特別養護老人ホームは、第11条第1項第2号の措置に係る者又は介護保険法の規定による地域密着型介護老人福祉施設入所者生活介護に係る地域密着型介護サービス費若しくは介護福祉施設サービスに係る施設介護サービス費の支給に係る者その他の政令で定める者を入所させ、養護することを目的とする施設とする。

第20条の6 《軽費老人ホーム》

軽費老人ホームは、無料又は低額な料金で、老人を入所させ、食事の提供その他日常生活上必要な便宜を供与することを目的とする施設（第20条の2の2から前条までに定める施設を除く。）とする。

第29条 《届出等》

有料老人ホーム（老人を入居させ、入浴、排せつ若しくは食事の介護、食事の提供又はその他の日常生活上必要な便宜であつて厚生労働省令で定めるもの（以下「介護等」という。）の供与（他に委託して供与をする場合及び将来において供与をすることを約する場合を含む。第13項を除き、以下この条において同じ。）をする事業を行う施設であつて、老人福祉施設、

認知症対応型老人共同生活援助事業を行う住居その他厚生労働省令で定める施設でないものをいう。以下同じ。）を設置しようとする者は、あらかじめ、その施設を設置しようとする地の都道府県知事に、次の各号に掲げる事項を届け出なければならない。

一　施設の名称及び設置予定地

二　設置しようとする者の氏名及び住所又は名称及び所在地

三　その他厚生労働省令で定める事項

2～19　省略

〇　高齢者の居住の安定確保に関する法律

第5条《サービス付き高齢者向け住宅事業の登録》

　高齢者向けの賃貸住宅又は老人福祉法第29条第1項に規定する有料老人ホーム（以下単に「有料老人ホーム」という。）であって居住の用に供する専用部分を有するものに高齢者（国土交通省令・厚生労働省令で定める年齢その他の要件に該当する者をいう。以下この章において同じ。）を入居させ、状況把握サービス（入居者の心身の状況を把握し、その状況に応じた一時的な便宜を供与するサービスをいう。以下同じ。）、生活相談サービス（入居者が日常生活を支障なく営むことができるようにするために入居者からの相談に応じ必要な助言を行うサービスをいう。以下同じ。）その他の高齢者が日常生活を営むために必要な福祉サービスを提供する事業（以下「サービス付き高齢者向け住宅事業」という。）を行う者は、サービス付き高齢者向け住宅事業に係る賃貸住宅又は有料老人ホーム（以下「サービス付き高齢者向け住宅」という。）を構成する建築物ごとに、都道府県知事の登録を受けることができる。

2～4　省略

○　障害者の日常生活及び社会生活を総合的に支援するための法律

第21条《障害者支援区分の認定》

　市町村は、前条第一項の申請があったときは、政令で定めるところにより、市町村審査会が行う当該申請に係る障害者等の障害支援区分に関する審査及び判定の結果に基づき、障害支援区分の認定を行うものとする。

　2　省略

問24　特定事由により養護老人ホームへの移転を余儀なく された場合に本特例の適用を受けるための一定要件

　被相続人が居住の用に供することができない特定事由があり、相続開始直前において被相続人の居住の用に供されていなかった自宅であっても、一定の要件を満たせば老人ホーム等へ移転する前の自宅が本特例の対象になると聞いています。

　「一定の要件」について教えてください。

答　特定事由により従前まで居住していた自宅を離れ、老人ホーム等に入居した場合において、「一定の要件」を満たせば老人ホーム等への移転の直前までに居住していた自宅を本特例の対象とすることができますが、「一定の要件」とは次のとおりです（措令23の7⑦、措通35－9の3）。

〔一定の要件〕

(1)	特定事由により被相続人の居住の用に供されなくなった時から相続開始の直前まで引き続き被相続人居住用家屋がその被相続人の物品の保管その他の用に供されていたこと。
	例えば、自宅が被相続人の居住の用に供されなくなった後も相続開始の直前まで引き続きその自宅がその者の家財置き場等として使用されていた場合には、この要件を満たすこととなるものと考えられます。
(2)	特定事由により被相続人の居住の用に供されなくなった時から相続開始の直前まで当該家屋が事業の用、貸付けの用又は被相続人以外の者の居住の用（以下「事業の用等」といいます。）に供されていたことがないこと。
	たとえ一時的な利用であっても、転居直前まで居住の用に供していた自宅が事業の用等に供されていた事実が認められればこの要件に抵触します。

(3)	被相続人が老人ホーム等に入居又は入所をした時から相続開始の直前までの間において被相続人の居住の用に供する家屋が2以上ある場合には、これらの家屋のうち、その住居又は施設が、被相続人が主としてその居住の用に供していた一の家屋に該当するものであること。
	例えば、被相続人が老人ホーム等に入居したことにより、その前に居住の用に供していた家屋を居住の用に供しなくなった後、その被相続人の生活の本拠が老人ホーム等ではなく親族の自宅である場合には、この要件を満たさないものと考えられます。

　上記より、老人ホーム等に入居していた場合において、被相続人居住用家屋として本特例の対象とすることができる要件をまとめると次のとおりです。

〔老人ホーム等に入居していた場合の被相続人居住用家屋の要件〕

①	特定事由により居住の用に供されなくなる直前の被相続人の居住の用に供されていた家屋（一定の要件を満たす場合に限られます。）
②	建物の区分所有等に関する法律第1条の規定に該当する建物（区分所有建物）を除く、昭和56年5月31日以前に建築された家屋
③	特定事由により居住の用に供されなくなる直前において、被相続人以外に居住者がいなかった家屋
④	特定事由により居住の用に供されなくなる直前において被相続人が主としてその居住の用に供していたと認められる一の建築物

┌─ **問25　要介護認定等の判定時期** ─────────────

　空き家特例は、特定事由により、被相続人が居住していた家屋から転居し、老人ホーム等の施設に移った場合には、一定の要件の下、転居前の居住用家屋及びその敷地が特例対象になると聞いています。

　ところで、「特定事由」とは、①介護保険法に規定する要介護認定若しくは要支援認定その他これに類する認定を受けていた被相続人又は②障害者の日常生活及び社会生活を総合的に支援するための法律に規定する障害者支援区分の認定を受けていた被相続人が養護老人ホーム等の施設又は障害者施設等に入居した場合をいいますが、この場合の要支援等又は障害者支援区分の認定を受けていたかどうかの判定は、いつの時点で行いますか。

└──────────────────────────────

答　要介護認定若しくは要支援認定その他これに類する認定又は障害者支援区分の認定を受けていたかどうかは、これまで住んでいた被相続人の家屋が居住の用に供されなくなる直前においてこれらの認定を受けていたかにより判定します。

解説　前記①「介護保険法第19条第1項に規定する要介護認定若しくは同条第2項に規定する要支援認定その他これに類する認定を受けていた被相続人」及び前記②の「障害者の日常生活及び社会生活を総合的に支援するための法律第21条第1項に規定する障害支援区分の認定を受けていた被相続人」に関し、いつの時点において、被相続人がこれらの要介護認定若しくは要支援認定又は障害支援区分の認定（以下「要介護認定等」といいます。）を受けていなければならないのかについては次のとおりです。

　この点について、特定事由は、要介護認定若しくは要介護認定を受けて

いなくてもその他これに類する認定として規程する介護保険法施行規則第140条の62の4第二号に該当している被相続人が養護老人ホームに入居等していればこれも特定事由に該当するとされてますが、この介護保険法施行規則第140条の62の4第二号に該当しているか否かは、被相続人がこれまで居住していた家屋が居住の用に供されなくなる直前において判定することとされていること（措令23⑥、措規18の2③）を踏まえ、被相続人が要介護認定、要支援認定又は障害者支援区分の認定を受けていたかどうかについても、被相続人居住用家屋がその被相続人の居住の用に供されなくなる直前において、その被相続人が要介護認定等を受けていたかどうかにより判定することとされています。

　なお、被相続人居住用家屋が被相続人の居住の用に供されなくなる直前において介護保険法施行規則第140条の62の4第二号に該当していた被相続人については、要介護認定等を受けていたかどうかは要件とされていないことから、例えば、被相続人が、養護老人ホーム等への入居又は入所後に要介護認定等を受けた場合であっても、養護老人ホームの移転時期に介護保険法施行規則第140条の62の4第二号に該当していれば他の要件を満たす限り、特定事由に該当することになります。

（参考通達）

措置法通達35－9の2《要介護認定等の判定時期》
　被相続人が、措置法令第23条第8項第1号に規定する要介護認定若しくは要支援認定又は同項第2号に規定する障害支援区分の認定を受けていたかどうかは、特定事由により被相続人居住用家屋が当該被相続人の居住の用に供されなくなる直前において、当該被相続人がこれらの認定を受けていたかにより判定することに留意する。

問26　特定事由により居住の用に供されなくなった時から相続開始直前までの利用制限

　私の母は、1人で自宅（土地及び家屋）に住んでいましたが、要介護の認定を受けたため老人ホームに引っ越した後、今年（令和5年）に亡くなりました。

　従前まで母が住んでいた家は母が転居した後、一部を一時的に甥に使用させていましたが、相続開始時は空き家で転居した時と同じ状態です。私は、この建物及び敷地を相続し、建物を取り壊して譲渡しましたが、当該土地について空き家特例の適用はできますか。

答　ご質問によると、亡母が老人ホームに引っ越した後、一時的に甥に使用させていたということですので、措置法施行令第23条第7項第二号に抵触することになるため本特例の適用はできません。

解説　令和元年度税制改正により、空き家特例の改正が行われ、被相続人居住用家屋及び被相続人居住用家屋の敷地等の範囲に、「対象従前居住の用」に供されていた家屋及びその敷地の用に供されていた土地等が追加されました（措法35⑤）。

　上記でいう「対象従前居住の用に供されていた家屋」とは、特定事由により相続開始直前において家屋が被相続人の居住の用に供されていなかった場合におけるその特定事由により居住の用に供されなくなる直前の被相続人の居住の用に供された家屋（次の要件の全てを満たす場合に限ります。）をいいます。

〔一定の要件〕

(1)	特定事由により被相続人居住用家屋が被相続人の居住の用に供されなくなった時から相続開始直前まで引き続きその被相続人の物品の保管等の用に供されていたこと。
(2)	特定事由により被相続人居住用家屋が被相続人の居住の用に供されなくなった時から相続開始直前まで事業の用、貸付けの用又はその被相続人以外の者の居住の用に供されていないこと。
(3)	被相続人が養護老人ホーム等に入居又は入所をした時から相続開始の直前までの間においてその被相続人の居住の用に供する家屋が2以上ある場合には、これらの家屋のうち、その養護老人ホーム等が、その被相続人が主としてその居住の用に供していた一の家屋に該当するものであること。

　ところで、(2)の「特定事由により被相続人居住用家屋が被相続人の居住の用に供されなくなった時から相続開始直前まで事業の用、貸付けの用又は、その被相続人以外の者の居住の用に供されていないこと」（措令23⑦二）の要件に当たり、例えば、特定事由によりそれまでの自宅が被相続人の居住の用に供されなくなった後、一時的に無償で貸し付けられていた場合などは、「事業の用、貸付けの用又はその被相続人以外の者の居住の用に供されていたこと」に該当するのか判断に迷いが生じます。

　令和元年の改正では、被相続人が養護老人ホーム等への入居等により自宅を離れた場合であっても、一時的に自宅に戻ることや家財置き場等として自宅を使用することもあり、養護老人ホーム等へ入居等をしたことをもって生活の拠点が移転し、自宅が空き家になったとは一概には言えないことから、一定の要件の下で本特例を適用することとされました。

　これを踏まえ特定事由により家屋が被相続人の居住の用に供されなく

なった時から相続開始の直前までの間に、たとえ一時的な利用であったとしても、同家屋を事業の用、貸付けの用又はその被相続人以外の者の居住の用に供した事実が認められる場合には、「事業の用、貸付けの用又は当該被相続人以外の者の居住の用に供されていたこと」に該当することとなり、措置法令第23条第７項第二号の要件を満たさないことになります。

なお、この「貸付けの用」には、賃貸借により有償で貸し付けられていたものに限られず、使用貸借により無償で貸し付けられていたものも含まれるとされています。

（参考通達）

> **措置法通達35－9の3《特定事由により居住の用に供されなくなった時から相続の開始の直前までの利用制限》**
>
> 　措置法令第23条第9項第2号に規定する「事業の用、貸付けの用又は当該被相続人以外の者の居住の用に供されていたことがないこと」の要件の判定に当たっては、特定事由により被相続人居住用家屋が被相続人の居住の用に供されなくなった時から相続の開始の直前までの間に、当該被相続人居住用家屋が事業の用、貸付けの用又は当該被相続人以外の者の居住の用として一時的に利用されていた場合であっても、事業の用、貸付けの用又は当該被相続人以外の者の居住の用に供されていたこととなることに留意する。また、当該貸付けの用には、無償による貸付けも含まれることに留意する。

問27　売買契約後に被相続人居住用家屋が取り壊される場合（引渡し日ベースで申告する場合）

　甲（亡父）は、令和4年5月1日に亡くなりましたが、乙（長男）は甲が1人で住んでいた居住用不動産を相続しました。乙は、令和4年10月に相続した居住用不動産の譲渡契約を丙と締結しましたが、その際に丙から更地にしてほしいとの要望があったため、「当該土地上の建物を翌年の3月末までに売主において取り壊し、更地にして引き渡す。」旨の特約条項を売買契約書に記しました。

　乙は、この不動産の譲渡について引き渡しベースで申告するつもりですが本特例を適用することができますか。

答　被相続人（甲）の自宅として利用していた家屋とその敷地を相続により取得した乙が、その居住用家屋の全部の取壊し若しくは除却をした後又はその全部が滅失をした後に、その家屋の敷地を更地にして譲渡した場合には、本特例の適用を受けることができます。

　また、資産の譲渡時期（譲渡所得の総収入金額の収入すべき時期）は、原則として、資産の引渡しがあった日によるとされていますので（所基通36－12）、その引渡時までに被相続人居住用家屋が取り壊されていれば、その敷地等の譲渡は本特例の対象に該当することとなります。

　そのため、ご質問のように、売買契約の締結時には建物が存在していたとしても、引渡し時には現に建物が取り壊され、敷地のみの譲渡とする場合には、措置法第35条第3項第二号に該当し、本特例の適用を受けることができます。

　なお、敷地の引渡後に買主が家屋の取壊しを行う場合は、被相続人居住用家屋とともにする敷地の譲渡に該当することになりますが、その家屋が

措置法第35条第3項第一号の要件（①相続開始時から譲渡の時まで、事業の用、貸付けの用又は居住の用に供されていたことがないこと、②当該譲渡の時において地震に対する安全性に係る規定又は基準として一定の要件に適合しているものであること）に該当していれば本特例の適用は可能ですが、ご質問の前提からすると適用要件を満たしていないのではないかと考えられます。

　また、令和6年1月1日からは、譲渡の日の属する年の翌年の2月15日までに買主が家屋の取り壊しを行えば更地の譲渡として本特例の適用を受けることができます。

問28　売買契約後に被相続人居住用家屋が取り壊される場合（契約日ベースで申告する場合）

　甲（母）は、令和4年6月30日に亡くなりましたが、乙（長男）は、甲が1人で住んでいた居住用不動産を相続により取得しました。乙は、令和5年6月に相続した居住用不動産の譲渡契約を丙と締結しましたが、契約には「当該土地上の建物を来年2月26日までに売主において取り壊し、更地にして引き渡す。」旨の特約を付しています。

　甲は、この不動産の譲渡について契約日ベースで確定申告するつもりですが本特例の適用を受けることができますか。

　なお、家屋は地震に対する安全基準等に適合している家屋ではありません。

答　被相続人居住用家屋とその敷地等を相続又は遺贈により取得した相続人が、その家屋の全部の取壊し若しくは除却をした後又はその全部が滅失をした後に、その家屋の敷地を更地にして譲渡した場合には、本特例の適用を受けることができることとされています。

　ところで、その敷地の譲渡の時期、すなわち、譲渡所得の総収入金額の収入すべき時期は、原則として、それらの資産の引渡しがあった日によるとされていますが、納税者の選択により、契約の効力発生の日（契約締結日）によること（契約日ベース）も認められています（所基通36-12）。

　したがって、納税者が選択したそれぞれの譲渡の時期により、本特例の適用要件が充足されているかを判定することとなります。

　ところで、ご質問のように、乙が契約日ベースで申告する選択をした場合には、売買契約の締結時までに建物の取壊し等を完了している必要がありますが、乙は契約時点においては居住用家屋を取り壊していないので本

特例の適用を受けることはできません。

　また、契約で建物と敷地を譲渡し、買主が引き渡しを受けた後に建物を取り壊すようなケースは、被相続人居住用家屋及びその敷地の譲渡に該当することになります。この場合には、被相続人居住用家屋について、措置法第35条第3項第一号の要件を満たす必要がありますが、ご質問の家屋は、地震に対する安全基準に適合している家屋ではないため、この要件を満たさないため、本特例の適用を受けることはできません。

> （注）　令和5年度税制改正により、令和6年1月1日以後に行う被相続人居住用家屋の譲渡又は被相続人居住用家屋とともにする被相続人居住用家屋の敷地等の譲渡については、被相続人居住用家屋がその譲渡の時からその譲渡の日の属する年の翌年2月15日までの間にその全部の取壊し若しくは除却がされ、又はその全部が滅失をした場合であれば、被相続人の居住用財産に係る譲渡所得の特別控除の特例の適用対象とされました。

問29 被相続人居住用家屋以外の建物等を取り壊さない場合

甲は、昨年に死亡した乙（亡父）から乙が1人で住んでいたA家屋とその敷地のほか、乙が死亡する半年前に完成した車庫と倉庫を相続により取得しました。甲は、これらの全てを取り壊した後、当該敷地を譲渡することを考えていたところ、売買契約の締結に当たり、買主から車庫と倉庫については取り壊さずに譲渡してほしい、との申出がありました。

そのため、甲は、A家屋を取り壊した後、当該敷地と車庫及び倉庫の売買契約を締結しました。

甲は、空き家特例の適用を受けることができますか。

答 甲は、A家屋、車庫及び倉庫の床面積の合計のうちにA家屋の床面積の占める割合に相当する部分についてのみ空き家特例の適用を受けることができます。

解説 被相続人居住用家屋とは、相続開始の直前において被相続人の居住の用に供されていた家屋であって、当該被相続人が主としてその居住の用に供していたと認められる一の建築物をいうことから、更地として譲渡するためにその敷地上にあった母屋、離れ、倉庫等を取り壊すにしてもその取壊し等の対象は、当該一の建築物となります。

また、被相続人の居住用財産に係る譲渡所得の特別控除の特例の適用を受けるための一定の要件のうち、「当該取壊し、除去又は滅失の時から当該譲渡の時まで建物又は構築物の敷地の用に供されていたことがないこと」は、被相続人居住用家屋の取壊し等後に、新たに建物又は構築物の敷

地の用に供してはならないという趣旨であることから、被相続人居住用家屋であるＡ家屋の全部を取壊し後、Ａ家屋の敷地が新たな建物等の敷地として利用された事実がないならば、既存の車庫や倉庫などが存在していたとしても、租税特別措置法第35条第３項第二号の要件を満たしていることとなるため、ご質問のケースでは、甲は、本特例の適用を受けることができます。

　なお、敷地のうち車庫及び倉庫の床面積の占める割合に相当する部分については、本特例の適用対象となりません。

問30　被相続人居住用家屋の敷地の一部譲渡（居住用家屋とともに譲渡）

　令和４年２月に甲（父）が亡くなり、長男が亡甲が所有していた居住用不動産を相続しました。その後、長男は相続により取得した被相続人居住用家屋に耐震工事を施し、当該家屋とともにその敷地の一部（駐車場部分）を残し令和５年２月に譲渡しました。

　この譲渡について、空き家特例を適用することはできますか。

　なお、甲は居住用不動産に１人で住んでおり、甲が亡くなった後は、譲渡時まで空き家状態のままでした。

答　相続等により取得した被相続人居住用家屋の敷地の一部の譲渡が耐震工事を施した被相続人居住用家屋の譲渡とともに行われた場合には、相続時から譲渡時までの間に被相続人居住用家屋及びその敷地を貸付け等の用に供されていたことがないことなどの要件を満たす限り措置法第35条第３項第一号に掲げる被相続人居住用家屋とともにする被相続人居住用家屋の敷地等の譲渡に該当します。

　また、譲渡しないまま残った土地（100−2）についても、相続時から譲渡時まで同じ状況であり、駐車場部分を第三者に貸付けていたという事実もないようなので、要件を満たしていると考えます。

　したがって、長男はこの譲渡について本特例の適用は可能です。

問31　被相続人居住用家屋の敷地の一部譲渡（居住用家屋及びその敷地が残るケース）

　令和4年3月に甲（父）が亡くなり、長男が亡甲が所有していた居住用不動産を相続しました。その後、長男は、相続により取得した被相続人居住用家屋の敷地の一部（駐車場部分）を令和5年3月に譲渡しましたが、被相続人居住用家屋及びその敷地は従前のままです。

　この敷地の一部の譲渡について、空き家特例を適用することはできますか。

　なお、甲は居住用不動産に1人で住んでおり、甲が亡くなった後は譲渡時まで空き家状態のままでした。

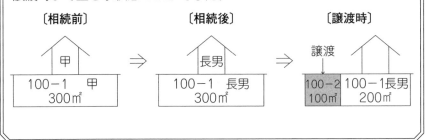

〔相続前〕　　　　　　〔相続後〕　　　　　　〔譲渡時〕

|100－1　甲|100－1　長男|譲渡 100－2 / 100－1長男|
|300㎡|300㎡|100㎡ / 200㎡|

答　敷地の一部の譲渡が被相続人居住用家屋の譲渡とともに行われたものではないとき、例えば、被相続人居住用家屋の敷地の一部である庭先部分の譲渡である場合や、被相続人居住用家屋を曳家してその跡地を譲渡する場合など、その敷地の一部の譲渡は、措置法第35条第3項第一号に掲げる被相続人居住用家屋とともにする被相続人居住用家屋の敷地の譲渡にも、同項第二号に掲げる被相続人居住用家屋の全てを取り壊した後に行う被相続人居住用家屋の敷地の譲渡にも該当しません。

　したがって、長男は敷地の一部（100－2）の譲渡について本特例の適用を受けることはできません。

問32 被相続人居住用家屋の敷地の一部譲渡（既に本特例の適用を受けている場合）

令和4年1月に甲（父）が亡くなり、亡甲が所有し1人で住んでいた自宅を長男が相続しました。その後、長男は、相続により取得した被相続人居住用家屋を全て取り壊し、同年11月にその敷地の一部（100㎡）を譲渡しました。その際に、空き家特例の適用を受けました。

その後、令和5年10月に残りの敷地100㎡についても譲渡しました。当該譲渡の申告に際しても空き家特例の適用を受けることができますか。

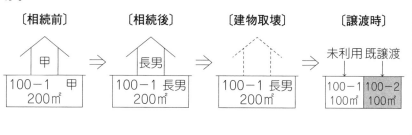

答 本特例の適用に当たり、被相続人居住用家屋及びその敷地を単独で取得した相続人がその被相続人居住用家屋を取り壊した後、敷地を分筆して複数回に分けて譲渡することも想定されますが、本特例の適用は、同一の被相続人からの相続又は遺贈により取得した被相続人居住用家屋又は被相続人居住用家屋の敷地等の譲渡について、相続人ごとに1回しか本特例の適用を受けることができないとされています。

したがって、仮に特例適用を満たす被相続人居住用家屋の敷地等の一部を分割して譲渡した場合であっても、当該被相続人居住用家屋の敷地等の一部の譲渡について既に同項の規定の適用を既に受けている相続人は、本特例の適用を受けることができません。

　ご質問のケースでは、長男は甲の相続により取得した土地の一部（100
－2）の譲渡について既に本特例の適用を受けていることから、令和5年
の譲渡について本特例の適用を受けることはできません。

(参考通達)

措置法通達35－17《被相続人居住用家屋の敷地等の一部の譲渡》

　相続人が、相続又は遺贈により取得をした被相続人居住用家屋の敷地等
の一部を区分して譲渡をした場合には、次の点に留意する。

(1)　当該譲渡が措置法第35条第3項第2号に掲げる譲渡に該当するときで
　　あっても、当該相続人が当該被相続人居住用家屋の敷地等の一部の譲渡
　　について既に同項の規定の適用を受けているときは、同項の規定の適用
　　を受けることはできない。

(2)及び(3)　省略

問33　被相続人居住用家屋の敷地の一部譲渡（残地がある場合）

　令和４年４月に甲（父）が亡くなり、亡甲が所有し１人で住んでいた自宅を長男が相続しました。その後、長男は相続により取得した被相続人居住用家屋を全て取り壊し、同年の11月にその敷地の一部（100㎡）を譲渡しました。

　なお、売らなかった残地（100㎡）については、家屋を取り壊した後、駐車場として利用しています。

　このような前提で、敷地の一部の譲渡について空き家特例を適用できますか。

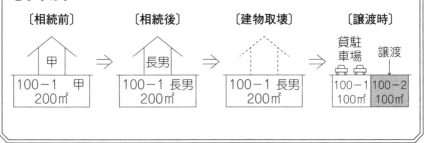

答　本特例の適用に当たり、被相続人居住用家屋及びその敷地を単独で取得した相続人が被相続人居住用家屋を取り壊した後、敷地等を分筆して複数回に分けて譲渡する場合は想定されますが、ご質問については、残地部分を貸駐車場として利用していますので、本特例を適用することはできません。

解説　被相続人居住用家屋の敷地等を単独で相続等により取得した相続人が、家屋を取り壊した後、その敷地を分筆して一部を譲渡した時の本特例の適用に当たっての要件は、相続人が相続等により取得した被相続人

居住用家屋の敷地等の全部について適用要件を満たす必要があります。

　このため、被相続人居住用家屋の敷地等のうち、譲渡していない残地（質問では100－1）についても措置法第35条第3号第二号イ（相続時から、取壊し除却又は滅失の時まで事業の用、貸付けの用又は居住の用に供されたことがないこと）、同号ロ（相続時から譲渡時までの事業用、貸付用、居住の用に供されたことがないこと）及び同号ハ（取壊し、除却又は滅失の時から譲渡時まで建物又は構築物の敷地の用に供されたことがないこと）に掲げる要件を満たしていない時は、当該譲渡に本特例の適用はできません（措法35③ニ）。

　ご質問のケースは、残地部分を貸駐車場として利用していますので、前記ロの要件に抵触していることになりますので100－2の土地の譲渡について本特例の適用を受けることはできません。

問34　被相続人居住用家屋の敷地の一部譲渡（特例対象者以外の者も敷地を取得している場合）

　令和4年6月に甲（父）が亡くなり、その相続に当たり、長男（乙）は、亡甲が所有していた被相続人居住用家屋とその敷地の一部（100-1）を相続し、次男（丙）は、敷地の一部（100-2）を相続しました。その後、乙は、相続により取得した被相続人居住用家屋を全て取り壊し、同年11月に相続した土地（100-1）の一部（50㎡）を譲渡しました。なお、残地については、空き家を取り壊した後も未利用の状態です。

　一方で、敷地の一部（100-2）を相続した丙は、同土地にあった家屋を取り壊した後、貸駐車場として利用しています。

　このような前提で、乙の土地の一部の譲渡について本特例を適用することができますか。

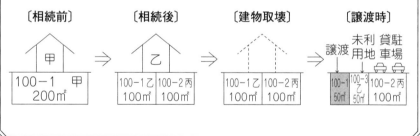

〔相続前〕　　〔相続後〕　　〔建物取壊〕　　　　〔譲渡時〕

答　本特例の適用に当たり、被相続人居住用家屋及びその敷地を取得した相続人が被相続人居住用家屋を取り壊した後、敷地等を分筆して複数回に分けて譲渡するケースも想定されますが、ご質問については、乙が相続した土地のうち、譲渡していない残地も未利用の状態のままで措置法第35条第3項第二号の要件を満たしていることから、乙の譲渡については本特例の適用は可能です。

解説　被相続人居住用家屋を取り壊した後、被相続人居住用家屋の敷地を譲渡する場合（更地譲渡）において本特例の適用を受けるためには、取壊した家屋及びその敷地について、次の要件を満たしている必要があります（措法35③二）。

〔取壊した家屋の要件〕

被相続人居住用家屋の相続の時から取壊し等の時まで事業の用、貸付けの用又は居住の用（以下「事業等の用」といいます。）に供されたことがないこと。

〔敷地の要件〕

取壊前要件	イ	相続の時から取壊し等の時まで事業等の用に供したことがないこと。
取壊後要件	ロ	相続の時から譲渡の時まで事業等の用に供されたことがないこと。
	ハ	被相続人居住用家屋の取壊し等の時から譲渡の時まで建物又は構築物の用に供されたことがないこと。

　そして、被相続人居住用家屋の敷地等のうちに適用対象者（相続人）以外の者が相続等により単独で取得した部分がある時は、当該部分の利用状況（例えば、当該部分を当該者が相続等により取得した後、直ちに貸付けの用に供するなど）にかかわらず、本特例の適用を受ける相続人が相続等により取得した被相続人居住用家屋の敷地等の全てについて措置法第35条第3項第二号で定める取壊した家屋の要件及び当該敷地の要件（イ．相続時から取壊し等の時まで事業等の用に供されたことがないこと、ロ．相続

時から譲渡時まで事業用、貸付用、居住の用に供されたことがないこと及びハ．取り壊し後から譲渡時まで建物等の敷地の用に供されたことがないこと）を満たしている限り本特例の適用は可能です。

　ご質問について本特例の適用を受けるためには、特例適用者である乙が相続により取得した土地の全てについて（残地部分の100－3を含めて）要件を満たす必要がありますが、譲渡時において残地（100－3）も従前の状態を維持していることから、乙の譲渡について本特例の適用は可能と考えます。

　この場合、相続人丙は土地（100－2）を単独で相続しており、本特例の適用対象者ではありませんので要件を満たす必要はありません。

（参考通達）

> **措置法通達35－17《被相続人居住用家屋の敷地等の一部の譲渡》(3)のイ(注)**
>
> 　被相続人居住用家屋の敷地等のうち適用対象者（相続人）以外の者が相続等により単独で取得した部分があるときは、当該部分の利用状況にかかわらず、本特例を受ける当該相続人が相続又は遺贈により取得をした被相続人居住用家屋の敷地等の全部について措置法第35条第3項第二号ロ（相続時から譲渡時まで事業用、貸付用、居住の用に供されたことがないこと）及びハ（取り壊し後から譲渡時まで建物等の敷地の用に供されたことがないこと）に掲げる要件を満たしている場合に限り、当該譲渡は同号に規程する譲渡に該当します。

問35　被相続人居住用家屋の敷地の一部譲渡（共有の場合）

　令和４年５月に甲（父）が亡くなり、その相続に当たり長男（乙）は亡甲が所有していた被相続人居住用家屋を単独で相続したほか、その敷地については長男（乙）と次男（丙）で共有（1/2）で相続しました。その後、乙は相続により取得した被相続人居住用家屋を全て取り壊し、敷地は分筆した上で一部を譲渡しました。なお、残地については、建物取壊し後、貸駐車場として利用しています。

　このような前提で、乙（長男）の土地の一部の譲渡について本特例を適用することはできますか。

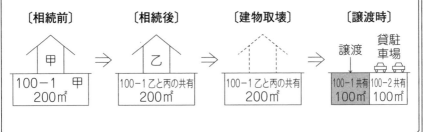

〔相続前〕　　〔相続後〕　　〔建物取壊〕　　〔譲渡時〕

答　本特例の適用に当たり、被相続人居住用家屋及びその敷地を相続した相続人が被相続人居住用家屋を取り壊した後、敷地を分筆して複数回に分けて譲渡するケースも想定されますが、ご質問の場合は、乙が相続した土地の全てにおいて措置法第35条第３項第二号ロ及びハで定める要件を満たしていないことから、乙の譲渡について本特例を適用することはできません。

　なお、前問では、特例適用者でない者が相続した土地の利用状況は問題にしないとしていますが、本問については、100－1の土地は特例適用者である乙が相続しており、共有とはいえ相続した土地の全てについて措置

法第35条イ、ロ及びハの要件を満たす必要があります。

　ちなみに、丙は、もともと甲の相続により被相続人居住用家屋を相続していませんので特例対象外です。

解説　被相続人居住用家屋の敷地等を複数の相続人の共有で取得した相続人が、その共有に係るその敷地について、共有のまま分筆した上でその一部を譲渡した時の本特例に掲げる要件は、当該相続人が相続等により共有で取得をした当該分筆前の被相続人居住用家屋の敷地等の全てについて特例要件を満たす必要があります。

　したがって、当該被相続人居住用家屋の敷地等のうち、譲渡していない部分が同号ロ（相続時から譲渡時まで事業用、貸付用、居住の用に供されたことがないこと）及びハ（取壊後の時から譲渡時まで建物等の敷地の用に供されたことがないこと）に掲げる要件を満たしていない時は、当該譲渡について本特例を適用することはできません。

　ご質問のケースでは、相続人乙は、相続により被相続人居住用家屋の敷地等を１／２取得していますので、乙はその土地の全てについて特例要件を満たす必要があります。

　したがって、残地（100－2）についても要件を満たす必要がありますが、同土地は被相続人居住用家屋を取壊した後から貸駐車場として利用されており、ロに定める要件に抵触するので本特例の適用を受けることはできません。また、丙に関して言えば、被相続人居住用家屋を相続していませんのでそもそも本特例の適用を受けることができません。

　なお、この点は下記のように現物分割が行われても同様です。

　すなわち、相続により被相続人居住用家屋の敷地等を乙及び丙で共有により相続（１／２）した後、共有地分割を行って、100－1と100－2に分割したとしても、乙は、もともと100－1の土地共有持分を相続したのであ

り相続した被相続人居住用家屋の敷地の全てについて特例要件を満たす必要があります。

　したがって、分割したとはいえ残地部分（100－2）を丙が貸駐車場として利用していれば本特例を受けることはできません。

問36 被相続人居住用家屋の敷地を分筆後、同年中に全てを譲渡した場合

甲は、昨年7月に亡くなりましたが、甲が1人で住んでいた自宅（土地及び建物）は長男（乙）が相続しました。乙は、その後、当該家屋を取り壊した後、敷地を2筆に分筆（A土地及びB土地）し、令和5年5月にA土地を2,000万円で譲渡し、同年11月にB土地を1,800万円で譲渡しました。この場合、乙は、A土地及びB土地の譲渡について空き家特例の適用を受けることができますか。

答　本特例は一つの相続で1回限りとされていますが、乙は、同一年中にA土地及びB土地を譲渡していることから本特例の適用を受けることができます。

解説　本特例は、同一の被相続人からの相続又は遺贈により取得した被相続人居住用家屋又は被相続人居住用家屋の敷地等の譲渡について、1人の相続人ごとに1回しか適用を受けることができません。しかしながら、ご質問の場合、同一年中の譲渡であることから既に本特例の適用をしているわけではなく、A土地及びB土地の譲渡について、本特例の適用要件をいずれも満たしている限り、本特例の適用を受けることができます。ただし、この場合、譲渡所得の金額から控除できる金額は、3,000万円が限度となります。なお、A土地とB土地の譲渡が2年にまたがった場合は、いずれかの年分しか本特例の適用を受けることができませんので、仮に前年の土地の譲渡に本特例を適用していれば次年度の土地の譲渡について本特例の適用を受けることはできません。また、一度、本特例の適用を受けることを選択し申告した後に、他の年分に選択替えをすることはできません。

問37　特殊関係人に対する譲渡

　空き家特例の適用に当たって、甲が1人で住んでいた居住用家屋及びその敷地を相続等により取得した相続人（長男）が、当該家屋及び敷地を更地にして当該相続人の息子（亡甲からみて孫）に譲渡した場合にも本特例の適用は受けれますか。

答　本件特例の適用に当たって、譲渡先が配偶者及び直系血族である場合には、本特例は適用できません。したがって、ご質問のケースは、直系血族（孫）に譲渡しているため本特例の適用はできないこととなります。

解説　空き家特例の適用に当たっては、次の(1)から(6)の者に対して譲渡した場合には適用できません。この点は、措置法第35条第1項《居住用不動産の譲渡の3,000万円控除》及び措置法第31条の3《居住用不動産を譲渡した場合の長期譲渡所得の課税の特例》と同様です（措法35②一、措令23②、20の3①）。

(1)	配偶者及び直系血族（132ページ参照）
(2)	譲渡者と生計を一にする親族（参考1）（(1)に該当する者を除きます。）
(3)	居住用不動産の譲渡後その譲受け家屋に譲渡者と同居する親族（(1)及び(2)に該当する者を除きます。） 「居住用不動産の譲渡後、その譲受け家屋に譲渡者と同居する親族」とは、被相続人居住用家屋の譲渡がされた後において、その家屋の譲渡者と譲受者である親族が一緒にその譲受け家屋に居住する場合におけるその譲受者をいいます（措通31の3－22、35－6、35－27）。
(4)	譲渡者と婚姻の届出をしていないが事実上婚姻関係と同様の事情にある者及びその者の親族でその者と生計を一にしている者

		「個人と婚姻の届出をしていないが事実上婚姻関係と同様の事情にある者」とは、いわゆる内縁の配偶者をいいます。
(5)		譲渡者から受ける金銭その他の財産によって生計を維持している者及びその者の親族でその者と生計を一にしている者（(1)～(4)に該当する者及び譲渡者の使用人を除きます。）
		「譲渡者から受ける金銭その他の財産によって生計を維持している者」とは、譲渡者から給付を受ける金銭その他の財産又は給付を受けた金銭その他の財産の運用によって生ずる収入を日常生活の資の主要部分としている者をいいますが、譲渡者から離婚に伴う財産分与、損害賠償その他これらに類するものとして受ける金銭その他の財産によって生計を維持している者は含まれないものとして取り扱われます（措通31の3－23、35－6、35－27）。
(6)		譲渡者の(1)～(3)に掲げる親族、譲渡者の使用人若しくはその使用人の親族でその使用人と生計を一にしている者並びに(4)及び(5)に掲げる者（以下、「同族関係者」といいます。）を判定の基礎となる所得税法第2条第1項第8号の2に規定する株主等とした場合に法人税法施行令第4条第2項^(参考2)に規定する特殊関係その他これに準ずる関係のあることとなる会社（医療法人を含みます。）
		○ 「株主等」とは、株主名簿又は社員名簿に記載されている株主等をいいますが、株主名簿又は社員名簿に記載されている株主等が単なる名義人であって、その名義人以外の者が実際の権利者である場合には、その実際の権利者をいいます（措通31の3－24、35－6、35－27）。 ○ 「特殊関係その他これに準ずる関係のあることとなる会社」とは次の要件に該当している場合をいいます。 　① 　同族関係者が有する他の会社の株式又は出資が他の会社の発行済株式数又は出資（自己株式又は出資を除きます。）の総数又は総額の50%超である場合の当該他の会社 　② 　同族関係者及び①の法人の有する他の会社の株式又は出資が他の会社の発行済株式数又は出資の総数又は総額の50%超である場合の当該他の会社

③　同族関係者及び①若しくは②の会社が有する他の会社の株式又は出資が他の会社の発行済株式数又は出資の総額の50％超である場合の他の会社

（参考1）　親族の範囲

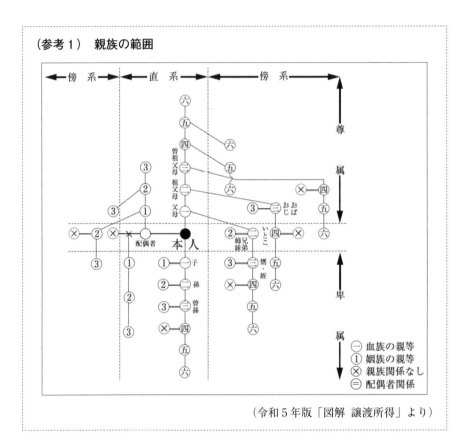

（令和5年版「図解　譲渡所得」より）

（参考2）　法人税法施行令第4条《同族関係者の範囲》

　法第2第十号（同族会社の意義）に規定する政令で定める特殊の関係のある個人は、次に掲げる者とする。

　一　株主等の親族

　二　株主等と婚姻の届出をしていないが事実上婚姻関係と同様の事情にある者

　三　株主等（個人である株主等に限る。次号において同じ。）の使用人

　四　前三号に掲げる者以外の者で株主等から受ける金銭その他の資産によつて生計を維持しているもの

　五　前三号に掲げる者と生計を一にするこれらの者の親族

2　法第2第十号に規定する政令で定める特殊の関係のある法人は、次に掲げる会社とする。

　一　同族会社であるかどうかを判定しようとする会社（投資法人を含む。以下この条において同じ。）の株主等（当該会社が自己の株式（投資信託及び投資法人に関する法律（昭和26律第198号）第2条第14項（定義）に規定する投資口を含む。以下同じ。）又は出資を有する場合の当該会社を除く。以下この項及び第4項において「判定会社株主等」という。）の一人（個人である判定会社株主等については、その一人及びこれと前項に規定する特殊の関係のある個人。以下この項において同じ。）が他の会社を支配している場合における当該他の会社

　二　判定会社株主等の一人及びこれと前号に規定する特殊の関係のある会社が他の会社を支配している場合における当該他の会社

　三　判定会社株主等の一人及びこれと前二号に規定する特殊の関係のある会社が他の会社を支配している場合における当該他の会社

3　前項各号に規定する他の会社を支配している場合とは、次に掲げる場

合のいずれかに該当する場合をいう。

一　他の会社の発行済株式又は出資（その有する自己の株式又は出資を除く。）の総数又は総額の100分の50を超える数又は金額の株式又は出資を有する場合

二　他の会社の次に掲げる議決権のいずれかにつき、その総数（当該議決権を行使することができない株主等が有する当該議決権の数を除く。）の100分の50を超える数を有する場合

　　イ　事業の全部若しくは重要な部分の譲渡、解散、継続、合併、分割、株式交換、株式移転又は現物出資に関する決議に係る議決権

　　ロ　役員の選任及び解任に関する決議に係る議決権

　　ハ　役員の報酬、賞与その他の職務執行の対価として会社が供与する財産上の利益に関する事項についての決議に係る議決権

　　ニ　剰余金の配当又は利益の配当に関する決議に係る議決権

三　他の会社の株主等（合名会社、合資会社又は合同会社の社員（当該他の会社が業務を執行する社員を定めた場合にあつては、業務を執行する社員）に限る。）の総数の半数を超える数を占める場合

4～6　省略

問38 譲受者（親族）の新築した家屋に譲渡人が居住する場合

甲は、亡母から相続した被相続人居住用家屋及びその敷地を建物を取壊して譲渡しようとしていたところ、甲の長女の夫乙（甲とは住居も生計も別です。）が新居を求めていたことから、更地にして、乙に譲渡しました。その後、乙は、取得した土地の上に建物を新築し、譲渡人である甲と同居する予定です。

この場合、甲は長女の夫（親族）の家に譲渡人が同居することになりますが、本特例の適用を受けることができますか。

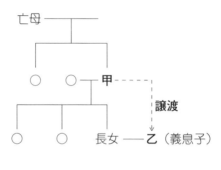

答 甲が乙と同居する家は譲渡の対象となったものではなく、乙が新築した家屋ですから本特例の適用は可能です。

解説 譲受者である乙は、措置法施行令第20条の3第1項第一号に掲げる直系血族に該当せず、また、乙は、親族ではあるものの甲と生計を一にしているわけではないので、この点では、特殊関係人には該当しません。さらに、乙は「家屋の譲渡がされた後、譲渡者と家屋に居住する親族」に

該当していますが、ご質問のケースは、甲が家屋を取り壊して更地として
譲渡した後、乙が新たに建物を新築していますのでその譲渡の対象になっ
た家屋に同居するわけではありません。

　すなわち、居住の用に供していた家屋を取り壊して更地の状態で譲渡し
た場合には、その土地の譲受者である親族（譲渡者の配偶者及び直系血族
並びに譲渡の時において譲渡者と生計を一にしている親族を除きます。）
が、その譲り受けた土地等の上に新築した家屋に、譲渡者と譲受者（親
族）が同居しても、措置法施行令第20条の３第１項第二号に規定する「当
該個人の親族で次項に規定する家屋の譲渡がされた後当該個人と当該家屋
に居住するもの」（下線筆者）に該当しないということです（措通31の３
－22）。

　また、措置法施行令第20条の３第１項第二号以外の同項各号に規定され
ている「生計を一にしているもの」の判定の時期は、当該譲渡をした時に
おいて判定することから、甲と乙は、土地を譲渡した時において生計を一
にしていないため、その後、たとえ生計を一にする親族に該当することと
なっても本特例の適用を受けることができると考えます（措通31の３－
20）。

問39　妻の父が100％の株式を保有する会社に譲渡した場合

　　甲（長男）は亡父から相続した被相続人居住用家屋及びその敷地の
うち、家屋を取壊し更地にしてＡ社に譲渡しました。甲は、Ａ社の株
主ではありませんが、甲の妻の父（乙、甲家族とは別居）はＡ社の発
行済株式の100％を保有しています。

　　このような前提で、甲は本特例の適用を受けることができますか。

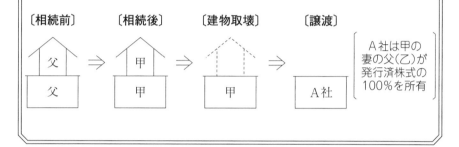

〔相続前〕　　〔相続後〕　　〔建物取壊〕　　〔譲渡〕

父
父
⇒
甲
甲
⇒
甲
⇒
A社

A社は甲の
妻の父（乙）が
発行済株式の
100％を所有

答　　譲渡先であるＡ社は、乙（親族）が発行済株式の100％を保有して
いる会社ですが、乙は甲の直系血族でもなく、また、甲の親族に該当する
ものの生計を一にしているわけではないので、措置法施行令第23条の２で
規定する「特別の関係がある者」に該当しません。したがって、乙が発行
済株式の100％を所有するＡ社も同様であり、結果として甲は特別の関係
者に譲渡していないので本特例を適用することができます。

解説　　甲の妻の父（乙）が、Ａ社の発行済株式総数の100％を所有し
ていても、甲と乙とは生計を別にしていることから、乙は、措置法令第20
条の３第１項第一号及び同項第二号に規定する「特別の関係がある者」に
は該当せず、また、甲にとってもＡ社は、同項第五号に規定する「特殊の
関係のある法人」に該当しないことになります（措令23②、20の３、法令

4②③)。

　すなわち、甲にとって、乙もA社もともに「特別の関係者」ではないので、A社に譲渡した被相続人居住用家屋の敷地について他の要件を満たせば、本特例の適用を受けることができます。

イ　特殊関係のある法人の判定の基礎となる株主（個人）

①	配偶者及び直系血族
②	譲渡者と生計を一にする親族
③	居住用家屋を譲渡した後、譲渡者と同居する親族
④	譲渡者の使用人若しくは使用人の親族でその使用人と生計を一にしている者
⑤	内縁関係にある者及びその者の親族でその者と生計を一にしている者
⑥	譲渡者から受ける金銭その他財産によって生計を維持している者及びその者の親族でその者と生計を一にしている者

ロ　特殊関係のある法人の判定の基礎となる株主（法人）

①	前記イの同族関係者が有する他の会社の発行済株式等の総数の50%超を有している場合の他の会社
②	前記イの同族関係者及び①の法人が有する他の会社の発行済株式等の総数の50%超を有している場合の他の会社
③	前記イの同族関係者及び①若しくは②の法人が有する他の会社の発行済株式等の総数の50%超を有している場合の他の会社

問40 親族に対する譲渡及び親族の経営する会社に対する譲渡

甲は、亡父から相続した被相続人居住用家屋及びその敷地のうち、家屋を取り壊して敷地を弟（乙・別居）又は弟が経営するＡ社のいずれかに譲渡するつもりです。

この場合、譲渡先が異なることにより本特例の適用も異なりますか。

なお、弟はＡ社の議決権割合の70％（持株割合も70％）を所有しています。

答 甲は、被相続人居住用家屋の敷地を乙に譲渡した場合でも、また、Ａ社に譲渡した場合でも、本特例の適用を受けることができます。

解説 甲の弟（乙）は、親族であるものの、甲と生計を別にしているため、措置法令第20条の3第1項第一号の直系血族及び同項第二号に規定する親族には該当しません。

また、Ａ社株式に係る所有権（議決権）は、弟が70％を所有しているものの、弟は、甲からみて生計を別にする親族であることから、Ａ社が甲の特殊関係のある会社であるかの判定に当たっては、弟が所有するＡ社株式（議決権）は含めないで判定することになりますが、その結果、Ａ社は特殊関係のある会社（法人税法施行令第4条第2項に規定する会社）に該当しません（措令20の3①、23②、法令4②③）。

すなわち、甲からみた場合、乙もＡ社もともに特殊関係者ではないので、これらに対して被相続人居住用家屋の敷地を譲渡した場合でも、本特例の適用を受けることができます。

問41　同族会社に対する譲渡

　甲は亡父から相続した被相続人居住用家屋及びその敷地のうち、家屋を取壊して敷地をＡ社に譲渡しました。Ａ社の株主は下表のとおりであり、甲を判定の基準となる株主とした場合、３者で50％を超えているため、法人税法施行令第２条第十号に規定する「同族会社」に該当することになります。

　なお、甲と他の株主との間には、法人税法施行令第４条各項に規定する特殊の関係はありません。

〔Ａ社の株主構成〕

Ａ社の株主	甲	乙	丙	その他
持株割合	15%	30%	30%	25%
議決権割合	15%	15%	15%	55%

　この場合、甲のＡ社に対する譲渡について、本特例の適用は可能ですか。

答　甲のＡ社に対する被相続人居住用家屋の敷地の譲渡について、Ａ社は「同族会社」ではあるものの、甲からみた場合に特殊関係のある法人には該当しないので本特例の適用を受けることができます。

解説　Ａ社は、甲を判定の基礎となる株主とした場合には、甲、乙及び丙の３人の持株割合の合計が50％以上となるので、「同族会社」に該当しますが、甲とＡ社との間には、法人税法施行令第４条第２項に規定する特殊の関係がないため、措置法令第20条の３第１項第五号の特殊関係のある法人に該当しないことになります（措令20の３⑤、法令４②③）。

　なお、措置法令第20条の３第１項第五号に定める法人税法施行令第４条

第2項に規定する特殊の関係にある法人とは、次に掲げる会社をいいます。

　したがって、特殊関係のある法人であるか否かは、個人の同族関係者と下記の①〜③の特殊関係のある法人株主を判定の基礎とした場合に当該法人の50％超の議決権等を有しているかによって行われることになります。

---

①　同族会社であるかどうかを判定しようとする会社の株主等（以下「判定会社株主等」という。）の一人が他の会社を支配している場合における当該他の会社

②　判定会社株主等の一人及びこれと上記①に規定する特殊の関係のある会社が他の会社を支配している場合における当該他の会社

③　判定会社株主等の一人及びこれと上記①及び②に規定する特殊の関係にある会社が他の会社を支配している場合における当該他の会社

　また、他の会社を支配している場合とは、次に掲げる場合のいずれかに該当する場合をいいます（法令4③）。

一　他の会社の発行済株式又は出資（その有する自己の株式又は出資を除く。）の総数又は総額の100分の50を超える数又は金額の株式又は出資を有する場合

二　他の会社の次に掲げる議決権のいずれかにつき、その総数（当該議決権を行使することができない株主等が有する当該議決権の数を除く。）の100分の50を超える数を有する場合

　イ　事業の全部若しくは重要な部分の譲渡、解散、継続、合併、分割、株式交換、株式移転又は現物出資に関する議決に係る議決権

　ロ　役員の選任及び解任に関する決議に係る議決権

　　ハ　役員の報酬、賞与その他の職務執行の対価として会社が供与す
　　　る財産上の利益に関する事項についての決議に係る議決権
　　ニ　剰余金の配当又は利益の配当に関する決議に係る議決権
　三　他の会社の株主等（合名会社、合資会社又は合同会社の社員（当
　　　該他の会社が業務を執行する社員を定めた場合にあつては、業務を
　　　執行する社員）に限る。）の総数の半数を超える数を占める場合

　ご質問のケースでは、甲のA社に対する被相続人居住用家屋の敷地の譲
渡について、A社は、甲からみた場合、特殊関係のある法人には該当しな
いことから本特例の適用を受けることができます。

　甲は亡父から相続した被相続人居住用家屋及びその敷地のうち、家屋を取り壊してその敷地をＡ社に譲渡しました。Ａ社の持株割合と議決権割合は次のとおりですが、甲はＢ社の発行済株式数は55％を所有しています。

　このような前提で、甲のＡ社に対する譲渡について本特例の適用は可能ですか。

〔Ａ社の株主構成〕

Ａ社の株主	甲	Ｂ社※	その他
持株割合・議決権割合	30％	30％	40％

※甲はＢ社の発行済株式の55％を所有しています。

答　甲のＡ社に対する被相続人居住用家屋の敷地の譲渡について、Ａ社は、甲からみて特殊関係のある法人に該当するので本特例の適用を受けることはできません。

解説　甲からみて譲渡先のＡ社が「特殊関係にある法人」に該当していた時は本特例の適用は受けられないので、甲からみてＡ社が「特殊関係のある法人」に該当しているかを判定します。

　Ａ社の株主であるＢ社について、甲はＢ社の発行済株式の総数又は総額の50％を超える数又は金額の株式を有するため、Ｂ社は甲からみた場合、法人税法施行令第４条第２項第一号に規定する「特殊の関係のある法人」に該当することになります。

　また、甲が所有するＡ社株数とＢ社が所有するＡ社株数との合計がＡ社の発行済株式の総数又は総額の50％を超えることから、Ａ社は同項第二号

に規定する「特殊の関係のある法人」に該当することになります。

　この結果、甲のＡ社に対する被相続人居住用家屋の敷地の譲渡について、甲は、本特例の適用を受けることはできません（措令20の３①、23②、法４②③）。

　なお、仮に、甲の保有するＢ社の株式が、Ｂ社の発行済株式の総数又は総額が50％を超えない場合であっても、甲がＢ社の議決権につきその総数の50％を超える数を保有すれば、Ｂ社は法人税法施行令第４条第２項第一号に規定する「特殊の関係のある法人」に該当し、甲が所有するＡ社の議決権とＢ社が保有するＡ社の議決権との合計がＡ社の議決権の総数の50％を超えるため、Ａ社は同項第二号に規定する「特殊の関係のある法人」に該当し、甲は、本特例の適用を受けることはできないことになります。

問43　譲渡対価の額が1億円以内であること

　空き家特例の適用対象となる譲渡からは、被相続人居住用家屋及び
は被相続人居住用家屋の敷地等の譲渡対価の額が1億円を超えるもの
は適用対象外とされています。

　相続人甲は、この度、亡父から相続した被相続人居住用家屋及びそ
の敷地を譲渡しましたが、家屋をリフォームしたため、対価の額が1
億円を超えそうです。そこで、買主から代金の一部を引越料として受
領するつもりですが、譲渡対価とみなされる可能性はありますか。

答　本特例の適用に当たっては、被相続人居住用家屋又はその敷地等の
譲渡対価の額が1億円を超えるものは対象から除かれていますが、措置法
第35条第3項に規定する「譲渡の対価の額」には、例えば、譲渡協力金、
移転料等のような名義の如何を問わず、その実質においてその譲渡をした
被相続人居住用家屋又は被相続人居住用家屋の敷地等の譲渡の対価を構成
するものも含まれます。

　したがって、引越代金も実質的には被相続人居住用家屋及びその敷地の
対価と考えられるため、これを含めて1億円を超えている場合には本特例
は適用できません。

解説　本特例の適用対象となる譲渡から、被相続人居住用家屋又は被
相続人居住用家屋の敷地等の譲渡の対価の額が1億円を超えるものが除か
れています（措法35③）。この譲渡対価の額については、本特例の適用を
受けるために売買契約書に記載された不動産の契約金額以外に協力金や移
転料等の別名目で金銭の授受が行われる場合に、これらの額も譲渡対価の
額に含めて判定を行うのではないかという疑義が生じます。

　この点について、被相続人居住用家屋又は被相続人居住用家屋の敷地等の譲渡の対価の額とは、名義のいかんを問わず、その実質において、その譲渡をした被相続人居住用家屋又は被相続人居住用家屋の敷地等の譲渡対価たる金額を指すとされています。

　したがって、譲渡対価の額とは別に協力金や移転料等の名目で金銭の授受が行われる場合には、これらの金額を含めて譲渡対価の額が１億円を超えているか否かの判定を行います。

　なお、措置法第35条第５項に規定する適用前譲渡に係る対価の額又は、同条第６項に規定する適用後譲渡に係る対価の額についても同様に判定します。

（参考通達）

措置法通達35－19《譲渡の対価の額》

　措置法第35条第３項に規定する「譲渡の対価の額」とは、例えば譲渡協力金、移転料等のような名義のいかんを問わず、その実質においてその譲渡をした被相続人居住用家屋又は被相続人居住用家屋の敷地等の譲渡の対価たる金額をいうことに留意する。

問44　本特例の対象となる被相続人居住用家屋及びその敷地の譲渡対価の額

　令和4年4月、私は、父が1人で住んでいた居住用不動産（一部貸付け）を相続により取得し、その後、建物に耐震工事を施して令和5年2月に1億3,000万円（土地の譲渡対価の額1億円、建物の譲渡対価の額3,000万円）で譲渡しました。この場合、相続開始直前における利用状況が次のようであった場合、本特例の適用対象となる被相続人居住用家屋の譲渡対価の額及びその敷地等の譲渡対価の額はいくらになりますか。

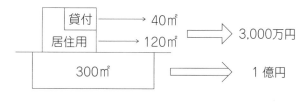

答　本特例の対象となる被相続人居住用家屋の譲渡対価の額は、次のとおりです。

　なお、本特例の対象となる譲渡対価の額は、次のように計算して求めることができますが、次問で説明する適用前譲渡対価の額が1億円を超えることになるので、結果として、本特例の適用を受けることができません。

$$\underset{(\text{家屋の対価})}{3,000\text{万円}} \times \frac{\overset{(\text{居住用床面積})}{120\text{㎡}}}{\underset{(\text{総床面積})}{160\text{㎡}}} = 2,250\text{万円}$$

　また、本特例の対象となる被相続人居住用家屋の敷地等の譲渡対価の額は次のとおりとなります。

$$\underset{\text{(土地の対価)}}{1\text{億円}} \times \frac{\overset{\text{(居住用敷地面積)}※}{225\text{m}^2}}{\underset{\text{(全体敷地)}}{300\text{m}^2}} = 7{,}500\text{万円}$$

※　被相続人居住用家屋に対応する敷地の面積は次のようにして求めます。

$$300\text{m}^2 \times \frac{120\text{m}^2}{160\text{m}^2} = 225\text{m}^2$$

解説　　本特例の対象となる被相続人居住用家屋及びその敷地等の譲渡の対価の額は、次の算式により計算した金額になります（措令23③④）。

(1)　特例の対象となる被相続人居住用家屋の譲渡の対価の額 ＝ Ⓐ × $\dfrac{Ⓒ}{Ⓑ}$

　　Ⓐ　被相続人居住用家屋の譲渡の対価の額

　　Ⓑ　相続開始直前（又は特定事由により被相続人の居住の用に供されなくなる直前、以下同じです。）における被相続人居住用家屋の総床面積

　　Ⓒ　相続開始直前における被相続人の居住の用に供されていた部分の床面積

(2)　本特例の対象となる被相続人居住用家屋の敷地等の譲渡の対価の額

　＝ Ⓐ × $\dfrac{Ⓒ}{Ⓑ}$

　　Ⓐ　被相続人居住用家屋の敷地等の譲渡の対価の額

　　Ⓑ　相続開始直前における被相続人居住用家屋の敷地等の総面積

　　Ⓒ　相続開始直前における被相続人の居住の用に供されていた被相続人居住用家屋の敷地等の面積

問45　適用前譲渡と併せて譲渡対価の額が1億円を超えている場合

空き家特例の適用に当たっては、譲渡対価の額が1億円を超えている場合には適用できないと聞いていますが、被相続人居住用家屋及びその敷地等を相続により取得した後、分筆し、複数回に分けて譲渡する場合には、1億円を超えているか否かの判定をどのように行いますか。

答　被相続人居住用家屋の敷地を分筆して複数回に渡って譲渡している場合には、対象譲渡した日より3年を経過する12月31日までの譲渡対価の合計額が1億円を超えているかによって判定します。

解説

(1)　対象譲渡の対価の額と適用前譲渡の対価の額との合計額が1億円を超える場合

相続等により被相続人居住用家屋及びその敷地等を取得した相続人（包括受遺者を含みます。）（以下「居住用家屋取得相続人」といいます。）[注1]が、その相続時から本特例の適用を受ける者の譲渡（以下「対象譲渡」といいます。）をした日の属する年の12月31日までの間に、対象譲渡した資産と相続開始直前において一体として被相続人の居住の用（特定事由により相続開始直前において被相続人の居住の用に供されていなかった場合には被相続人の物品の保管その他の用）に供されていた家屋（被相続人が主としてその居住の用に供していたと認められる一の建築物に限ります。以下同じです。）又はその家屋の敷地の用に供されていたと認められる土地等（居住用家屋取得相続人が相続開始直前において所有していたものを含み

ます。以下これらを「対象譲渡資産一体家屋等^(注2)」といいます。）の譲渡（以下「適用前譲渡」といいます。）をしている場合において、適用前譲渡に係る対価の額と対象譲渡に係る対価の額との合計額が1億円を超えるときは、本特例は適用できません（措法35⑤、措令23⑧～⑪）。

（注1）　居住用家屋取得相続人

　「居住用家屋取得相続人」とは、本特例の適用を受ける相続人のほか、その相続等により被相続人居住用家屋のみ又は被相続人居住用家屋の敷地等のみを取得した相続人も含まれるとされています（措通35－21）。

（注2）　対象譲渡資産一体家屋等

　「対象譲渡資産一体家屋等」に該当するかどうかは、社会通念に従い、対象譲渡をした資産と一体として被相続人の居住の用（特定事由により被相続人居住用家屋が当該相続の開始の直前において当該被相続人の居住の用に供されていなかった場合（措置法令第23条第7項各号に掲げる要件を満たす場合に限ります。）には同項第1号に規定する被相続人の物品の保管その他の用途）に供されていたものであったかどうかを、相続の開始の直前の利用状況により判定します。

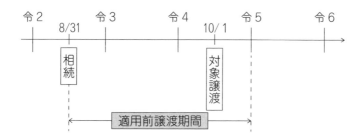

〔1億円の判定〕

対象譲渡の　　＋　　適用前譲渡　　＞　　1億円 …… 　特例適用不可
対価の額　　　　　　の対価の額

(2) 対象譲渡資産の対価の額、適用前譲渡の対価の額及び適用後譲渡の対価の額の合計額が1億円を超える場合

居住用家屋取得相続人が、本特例の適用を受ける者の対象譲渡をした日の属する年の翌年1月1日からその対象譲渡をした日以後3年を経過する日の属する年の12月31日までの間に、対象譲渡資産一体家屋等の譲渡（以下「適用後譲渡」といいます。）をした場合において、適用後譲渡に係る対価の額と対象譲渡に係る対価の額（適用前譲渡がある場合には、適用前譲渡に係る対価の額と対象譲渡に係る対価の額との合計額）との合計額が1億円を超えるときは、本特例は適用できません（措法35⑥）。

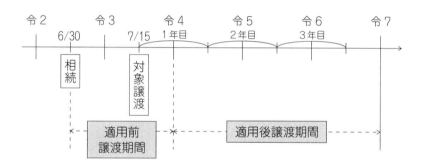

〔1億円超の判定〕

対象譲渡の対価の額 ＋ 適用後譲渡の対価の額 ＋ 適用前譲渡の対価の額 ＞ 1億円 …… 特例適用不可

> ## 問46　相続時以降にその家屋に増改築を行いその後譲渡した場合
>
> 　適用前譲渡及び適用後譲渡の対価に、相続時以降、被相続人居住用家屋にリフォーム工事を行って譲渡した場合の当該部分に係る譲渡対価の額も含めますか。

答　適用前譲渡及び適用後譲渡の家屋には、相続の時以後にその家屋につき行われた増築等（改築、修繕又は模様替に係る対価の額を含みます。）に係る部分の対価の額も含まれます。

　ただし、家屋の全部の取壊し、除却又は滅失をした後に行われた改築に係る部分の対価は除かれます（措法35⑤）。

　本特例は、対象資産の譲渡対価の額だけではなく、適用前譲渡資産及び適用後譲渡資産の対価の額を含めて１億円を超えていると適用はできないと聞いています。

　この適用前譲渡及び適用後譲渡資産の対価の額は、居住用家屋取得相続人に係る譲渡対価の額を合算して計算すると聞いていますが「居住用家屋相続人」に含まれる者について教えてください。

答　適用前譲渡対価の額及び適用後譲渡対価の額を含めて譲渡対価の額が１億円を超えているかの判定は、「居住用家屋相続人」が適用前譲渡期間及び適用後譲渡期間に譲渡した対象譲渡資産一体家屋等の対価を含めて行います。

　この「居住用家屋相続人」には、本特例の適用を受ける相続人のほか、相続等により居住用家屋のみ又は被相続人居住用家屋の敷地等のみを相続した者及び被相続人の店舗兼住宅等の店舗部分を取得した共有者なども含まれます。

解説　本特例の適用を受けることができる相続人は、措置法第35条第３項及び第４項の規定により、相続等により被相続人居住用家屋及び被相続人居住用家屋の敷地等の両方を取得した相続人に限られ、どちらか一方のみを取得した相続人は本特例の適用を受けることができないこととされていますが、適用前譲渡及び適用後譲渡を含めて譲渡対価の額が１億円を超えているかの判定においても本特例の対象となる被相続人居住用家屋及びその敷地等の両方を取得した者だけで判定するのか疑問が生じます。

　この点については、この適用前譲渡及び適用後譲渡に係る対価の額とし

て対象譲渡に係る対価の額に加算することとなる者は、措置法第35条第5項において「居住用家屋取得相続人」と規定されており、また、同項において「居住用家屋取得相続人」とは、「当該相続又は遺贈による被相続人居住用家屋又は被相続人居住用家屋の敷地等の取得をした相続人」とされています。

したがって、例えば、被相続人居住用家屋の敷地等のみを相続等によって取得した相続人が、相続時から本特例の適用を受ける相続人の対象譲渡をした日以後3年を経過する日の属する年の12月31日までに行った当該被相続人居住用家屋の敷地等（対象譲渡資産一体家屋等に該当する場合に限ります。）の譲渡は、適用後譲渡に該当することになり、1億円を超えるか否かの判定に含まれることになります。

なお、対象譲渡をした資産とその相続開始直前において一体として被相続人の居住の用に供されていた家屋又はその敷地等の譲渡をした相続人であっても、相続等により被相続人居住用家屋又は被相続人居住用家屋の敷地等を取得していない相続人は「居住用家屋取得相続人」には該当しないので、その者の譲渡資産に係る対価の額は1億円を超えるか否かの判定に含まれません（措通35-21）。

（参考通達）

措置法通達35-21《居住用家屋取得相続人の範囲》

　「居住用家屋取得相続人」には、措置法第35条第3項の規定の適用を受ける相続人を含むほか、当該相続又は遺贈により被相続人居住用家屋のみ又は被相続人居住用家屋の敷地等のみの取得をした相続人も含まれることに留意する。したがって、例えば、被相続人居住用家屋の敷地等のみを相続又は遺贈により取得した者が、当該相続の時から同項の規定の適用を受

ける者の対象譲渡をした日以後3年を経過する日の属する年の12月31日まで行った当該被相続人居住用家屋の敷地等の譲渡は、適用前譲渡又は適用後譲渡に該当する。

問48　対象譲渡資産一体家屋等の範囲

　対象資産の譲渡対価の額と適用前譲渡及び適用後譲渡に係る対価の額の合計額が１億円を超える場合には、空き家特例の適用を受けることができないと聞いていますが、譲渡対価の額の合計額が１億円を超えるか否かの判定の基礎となる資産は、「対象譲渡資産一体家屋等」とされていますがその範囲を教えてください。

答　本特例の適用対象となる譲渡から、被相続人居住用家屋又は被相続人居住用家屋の敷地等の譲渡の対価の額が１億円を超えるものが除かれています（措法35③）。また、相続又は遺贈により被相続人居住用家屋又は被相続人居住用家屋の敷地等の取得をした相続人（居住用家屋取得相続人）が、その相続時から本特例の適用を受ける者の対象譲渡をした日以後３年を経過する日の属する年の12月31日までの間に、対象譲渡資産一体家屋等の譲渡（適用前譲渡又は適用後譲渡）をした場合は、それらの譲渡に係る対価の額（適用前譲渡対価の額及び適用後譲渡対価の額）と対象譲渡に係る対価の額との合計額が１億円を超えることとなったときは、本特例は適用できないこととされています（措法35⑤⑥）。

　そして、「対象譲渡資産一体家屋等」に該当するか否かは、社会通念に従って、対象譲渡をした資産と一体として被相続人の居住の用（特定事由により被相続人居住用家屋が当該相続開始の直前において当該被相続人の居住の用に供されていなかった場合（措置法令第23条第７項各号に掲げる要件を満たす場合に限ります。）には同項第一号に規定する被相続人の物品の保管その他の用途）に供されていたものであったかどうかを相続開始直前における利用状況により判定することとされています。

　また、この判定に当たって、次に掲げる点についても、注意が必要です

（措通35-22）。

(1)	居住用家屋所得相続人が相続開始直前において所有していた譲渡資産も判定の対象に含まれること。
	措置法第35条第5項の規定は、「……居住用家屋取得相続人……が、……当該対象譲渡をした資産と当該相続の開始の直前において一体として当該被相続人の居住の用……に供されていた家屋……又は当該家屋の敷地の用に供されていた土地……若しくは当該土地の上に存する権利……の譲渡」と規定されていますので、適用前譲渡及び適用後譲渡の対象となる対象譲渡資産一体家屋等は、被相続人から相続又は遺贈により取得したものに限られていないことになります。したがって、居住用家屋取得相続人が所有していた資産で、相続開始の直前において対象譲渡をした資産と一体として利用されていたものを譲渡した場合は、当該資産も対象譲渡資産一体家屋等の判定の対象に含まれることになります。
(2)	譲渡資産の相続後における利用状況は、判定に影響しないこと。
	相続開始直前における利用状況により、対象譲渡をした資産と一体として被相続人の居住の用に供していたかを判定することから、例えば、被相続人居住用家屋を取壊した後に敷地の一部を分筆して対象譲渡をした後、貸付けの用に供していた残地を譲渡した場合の当該譲渡は、対象譲渡に該当しませんが、適用後譲渡の対象となる対象譲渡資産一体家屋等には該当することとなります。
(3)	本特例の適用を受ける（1億円の譲渡価額要件を免れる）ためのみの目的で、相続開始直前に一時的に当該居住の用以外の用に供したと認められる部分（例えば、庭先の一部を隣人に駐車場として賃貸した場合など）については、「対象譲渡資産一体家屋等」に該当することとなります。

(4)	被相続人が居住の用に供していた母屋と一体として利用されていた離れや倉庫等の附属家屋は被相続人居住用家屋に該当せず、また、これらの敷地の用に供されていた土地等が、用途上不可分の関係にある2以上の建築物のある一団の土地等であった場合は、措置法令第23条第9項の規定により計算した面積に係る土地等の部分以外の部分は、被相続人居住用家屋の敷地等にも該当しませんが、「対象譲渡資産一体家屋等」にも該当しないことになります。
	譲渡資産が対象譲渡資産と相続開始の直前において一体として利用されていた家屋の敷地の用に供されていた土地等であっても、当該土地が用途上不可分の関係にある2以上の建築物のある一団の土地であった場合は、措置法令第23条第11項において読み替えて準用する同条第9項の規定により計算した面積に係る土地等の部分のみが、「対象譲渡資産一体家屋等」に該当することになります。
(5)	居住用家屋取得相続人が譲渡した資産が相続開始直前において被相続人の店舗兼住宅等又はその敷地の用に供されていた土地等であったとしても、対象譲渡の判定の時とは異なり、非居住用部分（相続開始直前において被相続人の居住の用以外の用に供されていた部分をいいます。）も判定に含まれることとなります。

問49　1億円を超えているかの判定（共有の場合）

　昨年、私と姉は亡母から相続により被相続人居住用家屋及びその敷地を各1/2で相続した後、家屋を取り壊して土地のみを1億2,000万円で譲渡しました。

　このような場合、1億円を超えるか否かの判定はどのように行いますか。

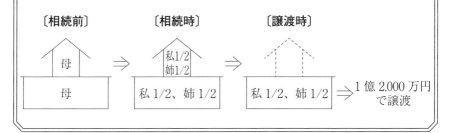

〔相続前〕　　　〔相続時〕　　　〔譲渡時〕

母　→　私1/2 姉1/2　→　→　1億2,000万円で譲渡
母　　　　私1/2、姉1/2　　　私1/2、姉1/2

答　本特例は、譲渡対価の額が1億円を超えている場合には適用できませんが、対象資産に係る譲渡対価の額が1億円を超えるか否かは、他の共有者の譲渡価額を含めないで判定します。したがって、ご質問のケースでは、あなたは6,000万円（1億2,000万円×1/2）で譲渡したこととなります。

　また、本特例は、対象資産の譲渡対価の額と適用前譲渡及び適用後譲渡の譲渡対価の額の合計額が1億円を超えている場合にも適用できませんが、適用前譲渡及び適用後譲渡には、姉（共有者）の分を含めて判定されるので、ご質問のケースでは1億円を超えるため本特例は適用できません。

解説　本特例の適用対象となる譲渡資産は、措置法第35条第3項が「相続又は遺贈による被相続人居住用家屋及び被相続人居住用家屋の敷地等を取得した相続人が、……、次に掲げるものの譲渡（……その譲渡の対

価の額が1億円を超えるものを除く。以下……「対象譲渡」という。）」と
規定していることから相続又は遺贈によって取得したその相続人の所有資
産をいうことは明らかです。したがって、対象譲渡に係る対価の額が1億
円を超えるものであるか否かは、他の共有者の譲渡価額を含めることなく
判定することとなります（措通35－20(1)）。

　一方で、本特例は適用前譲渡及び適用後譲渡に係る対価の額と対象資産
の譲渡対価の額が1億円を超えている場合も適用できませんが、この適用
前譲渡及び適用後譲渡した者を「居住用家屋取得相続人」といいます。

　ご質問のように本特例の適用を受ける相続人以外の相続人が当該相続等
によって譲渡資産の共有持分を取得している場合、例えば、対象譲渡した
者の他に共有持分を有する者がいる場合においてその共有持分を共に譲渡
したときは、措置法第35条第5項に規定する居住用家屋取得相続人に該当
することとなりますので、これらの者の行った譲渡については、同項又は
第6項に規定する適用前譲渡又は適用後譲渡となり、当該適用前譲渡又は
適用後譲渡に係る対価の額を当該個人の対象譲渡に係る対価の額に加算し
て1億円を超えているか判定する必要があります。

　その結果、その合計額が1億円を超えることとなったときは、当該相続
人の対象譲渡について本特例の適用を受けることができないことになりま
す。

問50　1億円を超えているかの判定（店舗併用住宅の場合）

　昨年、私は亡父から相続により被相続人居住用家屋及びその敷地を取得し、建物を取壊した後、更地にして1億4,000万円で譲渡しました。ただし、この譲渡資産は、店舗併用住宅であり1/2は店舗として利用されていました。

　この場合の1億円を超えるか否かの判定はどのように行いますか。

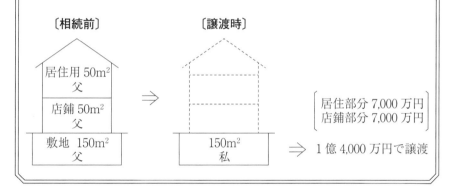

〔相続前〕

居住用 50m²
父

店舗 50m²
父

敷地 150m²
父

⇒

〔譲渡時〕

150m²
私

居住部分 7,000 万円
店舗部分 7,000 万円

⇒　1 億 4,000 万円で譲渡

答　本特例は、適用前譲渡及び適用後譲渡に係る対価の額と対象資産の譲渡対価の額の合計額が1億円を超えている場合には適用はできませんが、ご質問のケースでは、対象譲渡資産の対価の額は1億円を超えていませんが、店舗部分の譲渡は適用前譲渡に該当し、この対価の額を合わせると1億円を超えるので本特例は適用できません。

解説　本特例の適用対象となる譲渡資産は、措置法施行令第23条第3項及び第4項の規定により被相続人が居住の用に供した部分に限られているので、被相続人の居住の用以外の用に供されている部分がある場合には、居住の用に供されていた部分を床面積按分又は面積按分することにより計

算するとされています（措通35−15、31の３−７）。したがって、店舗兼住宅等の場合には、相続開始直前（当該譲渡資産が対象従前居住の用に供されていた家屋又はその敷地である場合には、特定事由により当該家屋が被相続人の居住の用に供されなくなる直前。以下同じです。）における被相続人が居住の用に供していた部分に相当する譲渡対価の額が対象譲渡に係る対価の額となります（措通35−20）。具体的には、次の算式により計算した額によります。

(1)　**家屋のうち相続開始の直前において被相続人の居住の用に供されていた部分の譲渡対価の額の計算**

$$\text{当該家屋の譲渡価額} \times \frac{\text{措通31の３−７に準じて計算した被相続人の居住の用に供されていた部分の床面積}}{\text{相続開始直前における当該家屋の総床面積}}$$

(2)　**土地等のうち相続開始の直前において被相続人の居住の用に供されていた部分の譲渡対価の額の計算**

$$\text{当該土地等の譲渡価額} \times \frac{\text{措通31の３−７に準じて計算した被相続人の居住の用の供されていた部分の面積}}{\text{相続開始直前における当該土地等の総面積}}$$

　また、本特例は特例対象資産の譲渡対価の額だけではなく、適用前譲渡及び適用後譲渡に係る対価の額が対象譲渡資産の対価の額と合わせて１億円を超える場合にも適用できませんが、この場合の適用前譲渡及び適用後譲渡の対価の額は対象譲渡資産に係る居住用部分の判定と異なり、居住用家屋取得相続人が譲渡した対象譲渡資産一体家屋等の対価を含めるとされていますので、譲渡資産が相続開始直前において被相続人が所

有する店舗兼住居及びその敷地だった場合には、非居住用部分を含めて1億円の判定を行うことになります（措通37−22⑤）。

　したがって、ご質問における対象譲渡資産の対価の額は7,000万円であるものの、適用前譲渡に係る対価の額と合わせると1億円を超えるため本特例の適用は困難です。

問51　母屋と離れ等がある場合の１億円の判定

　一昨年父が亡くなり、父が所有し１人で住んでいた居住用家屋及び
その敷地を私が相続しましたが、相続した居住用家屋の敷地は大きく、
母屋のほか、離れ、蔵、車庫などがありました。その後、建物を取り
壊してその敷地等を１億2,000万円で譲渡しましたが、この場合、譲
渡対価の額が１億円を超えているため本特例の適用は困難ですか。

〔相続時の利用状況〕

全体敷地 800m²

その他床面積………450m²
母屋部分床面積……350m²

母　屋 450m²

倉

倉

車庫

離れ

答　譲渡資産が用途不可分の関係にある２以上の建築物のある一団の土
地等であった場合には、母屋に相当する部分のみが「対象譲渡資産一体家
屋等」に該当しますので、それ以外の対価は１億円の判定から除外します。

　ご質問のケースは、母屋の敷地に相当する譲渡対価の額は6,750万円で
すので本特例の適用は可能と考えます。

解説　本特例は、相続等により取得した被相続人居住用家屋及びその
敷地等の譲渡対価の額が１億円を超える場合には適用を受けれません。そ
して、譲渡資産が母屋のほか、離れ、倉庫など２つ以上の建築物のある敷
地等であった場合の「対象譲渡資産一体家屋等」の判定は、次のように行
うと規定しています（措通35－22(4)）。

　「譲渡資産が対象譲渡をした資産と相続開始直前において一体として利
用されていた家屋の敷地の用に供されていた土地等であっても、当該土地

が用途上不可分の関係にある2以上の建築物のある一団の土地であった場合は、措置法令第23条第11項において読み替えて準用する同条第9項の規定により計算した面積に係る土地等の部分のみが、「対象譲渡資産一体家屋等」に該当すること。」

すなわち、被相続人が居住の用に供していた家屋と一体として利用されていた離れや倉庫等の附属家屋は、被相続人居住用家屋に該当せず、また、これらの敷地の用に供されていた土地等が用途上不可分の関係にある2以上の建築物のある一団の土地等であった場合には、措置法施行令第23条第9項の規定により計算した面積に係る土地等の部分以外は、被相続人居住用家屋の敷地等に該当しないことになりますが、「対象譲渡資産一体家屋」にも該当しないことになります。

上記より、ご質問のケースで措置法施行令第23条第9項の規定により計算した被相続人が主として居住の用に供していた母屋の床面積の全床面積に占める割合を譲渡価額に乗じて計算すると、下記のとおり1億円以下となることから本特例の適用を受けることができます。

$$1億2,000万円 \times \frac{450㎡}{450㎡ + 350㎡} = 6,750万円（＜1億円）$$

問52　１億円を超えているかの判定（相続人の持分があった場合）

　昨年甲が亡くなり、長男乙が甲が１人で住んでいた居住用家屋及び
その敷地の持分（各１／２）を相続しました。この居住用不動産は、
甲と乙がともに金銭を拠出して建築したもので、残りの１／２は乙が
取得時から保有していたものです。乙は、相続後、この建物を取り壊
した後、譲渡しましたが１億3,000万円でした。

　甲の相続により取得した持分１／２に相当する譲渡価額は6,500万円
ですが譲渡価額要件（１億円）を満たすことになりますか。

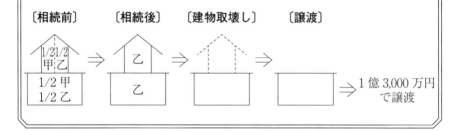

答　特例対象となる譲渡資産の価額は6,500万円ですが、適用前譲渡及
び適用後譲渡の対価については、乙は居住用家屋取得相続人であるため同
人が所有していた持分に係る対価の額も含めて判定することになります。

　したがって、ご質問のケースは本特例の適用要件を満たしません。

解説　　本特例の適用対象となる譲渡からは、被相続人居住用家屋又は
被相続人居住用家屋の敷地等の譲渡の対価の額が１億円を超えるものが除
かれています（措法35③）。

　また、相続又は遺贈による被相続人居住用家屋又は被相続人居住用家屋
の敷地等の取得をした相続人（居住用家屋取得相続人）が、その相続時か

ら本特例の適用を受ける者の対象譲渡をした日以後3年を経過する日の属する年の12月31日までの間に、対象譲渡資産一体家屋等の譲渡（適用前譲渡又は適用後譲渡）をした場合は、それらの譲渡に係る対価の額と対象譲渡に係る対価の額との合計額が1億円を超えることとなったときは、この特例は適用できません。

　この譲渡対価の額が1億を超えるか否かの判定について、措置法第35条第5項は、「……（居住用家屋取得相続人）……が、……当該対象譲渡をした資産と当該相続の開始の直前において一体として当該被相続人の居住の用……に供されていた家屋……又は当該家屋の敷地の用に供されていた土地……若しくは当該土地の上に存する権利……の譲渡」と規定しており、適用前譲渡及び適用後譲渡の対象となる対象譲渡資産一体家屋等は、被相続人から相続又は遺贈により取得したものに限定していません。

　したがって、居住用家屋取得相続人が所有していた資産で、相続開始の直前において対象譲渡をした資産と一体として利用されていたものを譲渡した場合は、当該資産も対象譲渡資産一体家屋等の判定の対象に含まれることとなります。

　なお、対象譲渡をした資産とその相続開始直前において一体として被相続人の居住の用に供されていた家屋又はその敷地等の譲渡をした相続人であっても、相続等により被相続人居住用家屋又は被相続人居住用家屋の敷地等を取得していない相続人は、「居住用家屋取得相続人」には該当しないため、譲渡価額を1億円を超えるかの判定に含めません。

　例えば、ご質問のケースで乙の持分（1/2）を仮に妻が所有していた場合には、妻は「居住用家屋取得相続人」に該当しないため、妻の持分に相当する譲渡対価の額は適用前譲渡に該当しないことになります。

問53　被相続人居住用家屋等の一部を贈与（著しく低い価額の対価）した場合の１億円超の判定

　居住用家屋取得相続人が適用前譲渡又は適用後譲渡を行った場合において、対象資産の譲渡対価の額と合わせて１億円を超える場合には、本特例の適用を受けることができませんが、適用前期間又は適用後期間において対象譲渡資産一体家屋等の一部を贈与した場合にはそれらの金額を加算する必要はありますか。

答　居住用家屋取得相続人が行う適用前譲渡又は適用後譲渡の計算において、その適用前譲渡又は適用後譲渡が贈与だった場合は、その贈与時における価額（＝通常の取引価額）を贈与した時期に応じて適用前譲渡又は適用後譲渡に係る対価として１億円を超えるか否か判定します（措法35⑤⑥）。

解説　本特例は、居住用家屋取得相続人が相続の時から本特例の適用を受ける相続人が行った対象譲渡の日以後３年を経過する日の属する年の12月31日までの間に、対象譲渡資産一体家屋等の譲渡（適用前譲渡又は適用後譲渡）をした場合において、対象譲渡に係る対価の額と当該対象譲渡資産一体家屋等の譲渡に係る対価の額との合計が１億円を超えることとなったときは、適用対象から除外されるとされています。

　そして、適用前譲渡又は適用後譲渡が贈与（適用前譲渡は適用後譲渡に係る対価の額がこれら資産を譲渡した時の価額の２分の１未満に満たない金額（著しく低い価額）である場合を含みます。）によるものである場合は、「贈与の時における価額」に相当する金額をもって、適用前譲渡又は適用後譲渡に係る対価とすることとされています。

ところで、「贈与の時における価額」とは、何を指すかについては、所得税法第59条第１項《贈与等の場合の譲渡所得等の特例》に規定されている「その時における価額に相当する金額により、これらの資産の譲渡があったものとみなす。」と同様に、通常の取引価額（＝時価）のことをいうとされています。

　また、「著しく低い価額の対価による譲渡」に該当するかどうかの判定についても、その譲渡対価の額が譲渡時における通常の取引価額の２分の１に相当する金額に満たない金額によるかどうかにより判定するとされています（措通35－24）。

（参考通達）

措置法通達35－24《被相続人の居住用財産の一部を贈与している場合》

　措置法令第23条第15項に規定する「贈与（著しく低い価額の対価による譲渡を含む。）の時における価額」とは、その贈与の時又はその著しく低い価額の対価による譲渡の時における通常の取引価額をいうことに留意する。

　なお、その譲渡が、著しく低い価額の対価による譲渡に該当するかどうかは、その譲渡の時における通常の取引価額の２分の１に相当する金額に満たない金額による譲渡かどうかにより判定することに留意する。

問54　相続開始直前における自宅から駐車場への用途転換

　令和4年5月、甲が死亡したことに伴い、長男乙が甲が1人で住んでいた居住用家屋及びその敷地を相続しました。その後、乙は家屋を全て取り壊して令和5年11月に敷地を1億1,000万円で譲渡しました。

　ところで、乙は、甲の生存中、本特例の適用を受けるためには譲渡価額（適用前譲渡及び適用後譲渡を含みます。）が1億円以下でなければならないことを知り、甲の相続開始直前に庭先の一部を駐車場にして隣人に貸付けています。

　このようなケースで、本特例の適用は可能ですか。

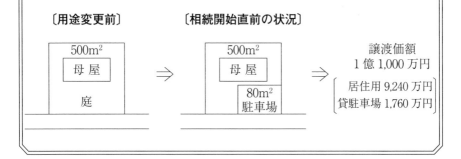

〔用途変更前〕　　　　〔相続開始直前の状況〕

| 500m²　母屋　庭 | ⇒ | 500m²　母屋　80m²　駐車場 | ⇒ | 譲渡価額　1億1,000万円　[居住用9,240万円　貸駐車場1,760万円] |

答　本特例は、対象譲渡の額が1億円を超えていると適用できませんが、それだけでなく、対象譲渡資産一体家屋等の適用前譲渡及び適用後譲渡に係る譲渡対価の額が対象譲渡の全額と合わせて1億円を超えていれば、この場合も適用を受けることはできません。

　ご質問のケースでは、相続開始前の利用状況によると第三者に貸すための駐車場は、「対象譲渡資産一体家屋等」に該当していないので、1億円要件の対象から外れることになり、母屋部分に係る敷地の譲渡については、本特例の適用が可能となります。

　すなわち、このようなケースにおいては、譲渡資産が「対象譲渡資産一

体家屋等」に該当するか否かは社会通念に従い対象譲渡資産と一体として被相続人の居住の用（特定事由により相続開始直前において被相続人の居住の用に供されていなかった場合には、被相続人の物品の保管その他の用途）に供されていたものであったかどうかを相続開始前の利用状況により判定します（措通35－22）。

　ご質問のケースは、実際にも母屋と貸駐車場は一体利用していたとは言えないことから、貸駐車場部分は「対象譲渡資産一体家屋等」に該当しないと考えられます。

　ただし、相続開始日の利用状況により判定した場合において、現実に一体として居住の用に供されていなかったと判断されたとしても、一時的に居住の用以外の用に供したと認められるものについては、「対象譲渡資産一体家屋等」に該当するものと判定されます。

　したがって、ご質問のケースにおいて、相続開始前に貸駐車場に転換したのは、譲渡価額（1億円）要件から免れるためのみの目的であるとすれば当該部分は「対象譲渡資産一体家屋等」に該当することになり、適用前譲渡の価額が1億円を超えることになるので適用はできません。

問55　適用前譲渡又は適用後譲渡が収用等であった場合

　令和3年10月に甲が亡くなり、長男乙が甲が1人で住んでいた居住用家屋及びその敷地を相続しました。甲は相続後、建物を取り壊した上で土地を分筆し、令和4年2月に隣人丙に一部を8,000万円で譲渡し本特例の適用を受けました。残地（未利用地）については、道路拡幅のための収用補償として令和5年5月に3,000万円で譲渡する予定です。

　このようなケースにおいて、1億円を超えるかの判定はどうなりますか。

答　適用前譲渡及び適用後譲渡の対価の額の判定において、譲渡所得の基因となる不動産等の貸付け（権利金、更新料、承諾料等のうち譲渡所得として課税されるもの）については適用前譲渡又は適用後譲渡に該当しますが、措置法第33条の4《収用交換等の場合の譲渡所得等の特別控除》第1項に規定する収用交換等による譲渡、同法第34条《特定土地区画整理事業等のために土地等を譲渡した場合の譲渡所得の特別控除》第1項に規定する特定土地区画整理事業等による譲渡及び同法第34条の2《特定住宅地造成事業等のために土地等を譲渡した場合の譲渡所得の特別控除》第1項に規定する特定住宅地造成事業等による譲渡については、適用前譲渡又は適用後譲渡の対象金額に含めません（措法35⑤⑥、措令23⑫、24の2⑧）。

　したがって、ご質問のケースでは、道路拡幅のための収用補償金の3,000万円は適用後譲渡の対価の額に含める必要はなく、本特例の適用は可能と考えます。

問56 本特例の適用を受ける相続人が複数いる場合の適用後譲渡の判定の時期

本特例の適用を受ける相続人が複数いる場合において、各相続人によって対象譲渡資産の譲渡時期が異なると適用後譲渡の期間も異なることになると思いますが、対象資産の譲渡時期を同一時点とするのか、それとも各相続人が譲渡を行った対象資産の譲渡ごとにするのか教えてください。

答 同一の被相続人からの相続又は遺贈により被相続人居住用家屋及び被相続人居住用家屋の敷地等を取得した相続人が複数いる場合、各相続人の譲渡が本特例の適用要件を満たしていれば、それぞれの譲渡が対象譲渡に該当することとなります。

ところで、「適用後譲渡」とは、措置法第35条第7項において、対象譲渡をした日の属する年の翌年1月1日から当該対象譲渡をした日以後3年を経過する日の属する年の12月31日までの間にした対象譲渡資産一体家屋等の譲渡をいうとされていますが、対象譲渡をし、本特例の適用を受ける相続人が複数いる場合に、いずれの対象譲渡を基準として「適用後譲渡」に該当するかどうかの判定を行うのか疑義が生じます。

この点について、本特例の適用を受ける者が複数いる場合における適用後譲渡の判定に当たっては、各相続人の対象譲渡ごとに行うこととしています。したがって、例えば、各相続人の対象譲渡の時期が異なる場合には、居住用家屋取得相続人の譲渡の時期によって、当該譲渡が適用後譲渡に該当することとなる場合とそうでない場合が生じる可能性もあり得ることになります。なお、適用前譲渡の判定においても、各相続人の対象譲渡ごとに行うことは適用後譲渡の場合と同様です。

問57　適用前譲渡の対価の額及び適用後譲渡の対価の額の合計額が1億円を超えてしまった場合

　令和4年6月、母が亡くなりましたが当該相続により私（長男）は、母が一人で住んでいた居住用不動産を取得しました。その後、私は、建物を取り壊しその敷地の一部を同年末に7,000万円で譲渡し、その際に本特例の適用を受けました。翌年、残地について、隣接者から要望があり、4,000万円で売却することになりました。

　この結果、対象譲渡の対価の額及び適用後譲渡の対価の額を合わせると1億円を超えることになるので本特例は適用できないことになりますが、修正申告の手続を教えてください。

答　被相続人から相続等により取得した被相続人居住用家屋及びその敷地等を譲渡し、その後、本人又は他の居住用家屋取得相続人が対象譲渡資産一体家屋等を譲渡して、これらの対価の合計額が1億円を超えることになった場合（対象譲渡の対価の額、適用前譲渡の対価の額及び適用後譲渡の対価の額の合計額が1億円を超える場合）には、本特例の適用を受けられなくなりますので、適用後譲渡をした日から4か月を経過する日までに本特例の適用を受けた年分の所得税について修正申告書を提出し、かつ、その期限内にその申告書の提出により納付すべき税額を納付しなければならないこととされています（措法35⑨）。

　この場合において、修正申告書の提出がないときは、納税地の所轄税務署長は、修正申告書に記載すべきであった所得金額、所得税の額その他の事項について更正を行うこととされています（措法35⑩）。

　また、他の制度における修正申告の特例等と同様に、その期限内（適用後譲渡した日から4か月を経過する日）に提出された修正申告書は国税通

則法上の期限内申告書とみなされますので加算税は課されません。

　さらに、その期限内に修正申告書により納付すべき税額を納付した場合には延滞税も課されません（措法35⑧⑪）。

問58　被相続人居住用家屋及びその敷地等を相続で取得した相続人が2人以上いた場合の通知義務

　令和4年2月に私（長男）は亡父から相続により被相続人居住用家屋及びその敷地等の持分1/2を取得しましたが、弟（次男）も同様に1/2を取得しました。私と弟は、建物は取り壊し、土地は現物分割して私の分だけは同年末に6,000万円で譲渡しました（本特例適用済）。弟は、分割した土地を翌年に譲渡する予定でいます。

　ところで、空き家特例は、特例対象の譲渡対価の額だけではなく、対象譲渡資産一体家屋等の適用前及び適用後譲渡の対価の額との合計額が1億円を超えた場合、適用はできないとされています。弟とは疎遠で連絡がありませんが、弟の譲渡価額はどのようにして確認したらいいでしょうか。

答　あなたは弟に対して、対象譲渡した場合にはその旨を通知しなければなりませんし、一方で、弟も同様に対象譲渡した場合には、あなたに通知する義務があります。また、双方とも通知を受けた後、適用前譲渡をしていれば遅滞なくその旨を、また、将来、適用後譲渡をした場合には遅滞なくその旨を通知しなければなりません。

解説　本特例の適用を受けようとする相続人は、他の居住用家屋取得相続人に対し、対象譲渡した旨及び対象譲渡した日その他参考となるべき事項の通知をしなければならないこととされています（措法35⑧）。

　この場合において、①その通知を受けた居住用家屋取得相続人で適用前譲渡をしている者はその通知を受けた後遅滞なく、②その通知を受けた居住用家屋取得相続人で適用後譲渡をする者は、その適用後譲渡をした後遅

滞なく、それぞれその通知をした者に対し、その譲渡をした旨及びその譲渡をした日、その譲渡の対価の額その他参考となるべき事項の通知をしなければならないこととされています（措法35⑧）。

　この通知義務は、本特例の適用を受けようとする者から通知を受けた居住用家屋取得相続人が適用前譲渡をしている場合又は適用後譲渡をした場合には、本特例の適用を受けようとする者は、対象譲渡に係る対価の額に、これらの譲渡に係る対価の額を加算して本特例の適用の可否を判断する必要があるため設けられたものです。

(1)　空き家特例を受ける者の通知義務（措法35⑧）

通知先	居住用家屋取得相続人
通知内容	対象譲渡した旨、譲渡した日、その他参考事項

(2)　通知を受けた者の通知義務（措法35⑧）

　通知を受けた居住用家屋取得相続人が、相続時から通知者が行った対象譲渡の属する年の12月31日までに被相続人居住用家屋又はその敷地等を譲渡（適用前譲渡）した場合

通知先	前記(1)の通知者
時　　期	通知の後遅滞なく
通知内容	適用前譲渡した旨、適用前譲渡日、適用前譲渡の対価の額、その他参考事項

(3)　通知を受けた居住用家屋取得相続人が前記⑴の通知者が対象譲渡をした日の属する年の翌年1月1日からその対象譲渡をした日以後3年を経過する日の属する12月31日までの間に被相続人居住用家屋又はその敷地等を譲渡（適用後譲渡）している場合

通知先	前記⑴の通知者
時　期	適用後譲渡の後遅滞なく
通知内容	適用後譲渡した旨、適用後譲渡日、適用後譲渡の対価の額、その他参考事項

問59　適用前譲渡又は適用後譲渡をした旨の通知を受けなかった場合

　私は、空き家特例の適用を受けるために他の居住用家屋相続人（弟）に対して譲渡した旨の通知を行いましたが、弟から何も連絡がありません。そうなると対象譲渡の額と適用前譲渡及び適用後譲渡の対価の額と合わせて１億円を超えているかの判定ができませんが、宥恕規定はありますか。

答　空き家特例の適用を受けようとする者から対象譲渡をした旨、譲渡日などの通知を受けた居住用家屋取得相続人は、①適用前譲渡をしている場合には、その通知を受けた後遅滞なく、②適用後譲渡した場合には、譲渡した後遅滞なく、当該通知をした者に対して、その譲渡した旨、譲渡日、譲渡対価の額などを通知しなければなりません。

　しかし、その通知がなかったとしても、適用前譲渡に係る対価の額と対象譲渡に係る対価の額との合計額又は適用後譲渡に係る対価の額と対象譲渡に係る対価の額（適用前譲渡がある場合には、その対象譲渡に係る対価の額と適用前譲渡に係る対価の額との合計額）との合計額が１億円を超えることとなったときは、本特例の適用を受けることはできません。

解説　本特例の適用を受けようとする者は、他の居住用家屋取得相続人に対し、対象譲渡をした旨、対象譲渡をした日その他参考となるべき事項の通知をしなければならず、①その通知を受けた居住用家屋取得相続人で適用前譲渡をしている者はその通知を受けた後遅滞なく、②その通知を受けた居住用家屋取得相続人で適用後譲渡をした者はその適用後譲渡をした後遅滞なく、それぞれ、その通知をした者に対して、その譲渡をした旨、

その譲渡をした日、その譲渡の対価の額その他参考となるべき事項の通知をしなければならないこととされています（措法35⑧）。

　なお、本特例は、居住用家屋取得相続人が適用前譲渡をしている場合又は適用後譲渡をした場合には、対象譲渡に係る対価の額にそれらの譲渡に係る対価の額を加算して1億円を超えているのかを判定する必要があるため居住用家屋取得相続人に対して、通知義務が設けられているわけですが、仮にその通知を受けなかった場合の取扱いについて宥恕規定があるのか気になるところです。

　この点について、居住用家屋取得相続人が適用前譲渡をしている者又は適用後譲渡をした者からの通知がなかったとしても、措置法第35条第5項又は第6項の規定により、当該適用前譲渡に係る対価の額又は適用後譲渡に係る対価の額を対象譲渡に係る対価の額に加算して1億円を超えているかどうかを判定するとされています（措通35－25）。

　そして、①の居住用家屋相続人からの通知により1億を超えることが判明した場合、本特例の適用を受けようとしている者は、結局、本特例の適用ができないことになります。

　また、②の居住用家屋相続人から適用後譲渡したことの通知により1億円を超えることが判明した①の最初の通知者は、既に本特例の適用を受けている譲渡所得の申告において本特例の適用ができなくなることからその適用後譲渡した日から4か月を経過するまでに修正申告書を提出し、納付すべき税額を納める必要があります。

問60　空き家特例の適用に当たっての準用規定

　措置法第35条第３項に規定する空き家特例に規定する被相続人居住用家屋又は被相続人居住用家屋の敷地等に該当するか否かについては、居住用財産を譲渡した場合の長期譲渡所得の課税の特例に関する規定が多く準用されると聞きました。

　この点について詳しく教えてください。

答　空き家特例の適用に当たって、「居住用財産の譲渡所得の軽減税率の特例」（措法31の３）に関する規定のうち、次に掲げるものを準用することとされています（措通35−27）。

・措通31の３−11《居住用家屋を共有とするための譲渡》

　　その居住の用に供している家屋（当該家屋でその居住の用に供されなくなったものを含む。）を他の者と共有にするため譲渡した場合又は当該家屋について有する共有持分の一部を譲渡した場合には、当該譲渡は、措置法第31条の３第１項に規定する譲渡には該当しないことに留意する。

・措通31の３−20《特殊関係者に対する譲渡の判定時期》

　　措置法第31条の３第１項に規定する譲渡が措置法令第20条の３第１項各号《特殊関係者の範囲》に掲げる者に対する譲渡に該当するかどうかは、当該譲渡をした時において判定する。ただし、当該譲渡が同項第２号に規定する「当該個人と当該家屋に居住をするもの」に対する譲渡に該当するかどうかは、当該譲渡がされた後の状況により判定

する。

・措通31の３－21《「生計を一にしているもの」の意義》

　　措置法令第20条の３第１項に規定する「生計を一にしているもの」
とは、所得税基本通達２－47（生計を一にするの意義）に定めるとこ
ろによる。

・措通31の３－22《同居の親族》

　　措置法令第20条の３第１項第２号に規定する「当該個人の親族で次
項に規定する家屋の譲渡がされた後当該個人と当該家屋に居住をする
もの」とは、当該家屋の譲渡がされた後において、当該家屋の譲渡者
である個人及び当該家屋の譲受者である当該個人の親族（当該個人の
配偶者及び直系血族並びに当該譲渡の時において当該個人と生計を一
にしている親族を除く。）が共に当該家屋に居住する場合における当
該譲受者をいうことに留意する。

・措通31の３－23《「個人から受ける金銭その他の財産によって生計を維
　　持しているもの」の意義》

　　措置法令第20条の３第１項第４号に規定する「当該個人から受ける
金銭その他の財産によって生計を維持しているもの」とは、当該個人
から給付を受ける金銭その他の財産又は給付を受けた金銭その他の財
産の運用によって生ずる収入を日常生活の資の主要部分としている者
をいうのであるが、当該個人から離婚に伴う財産分与、損害賠償その

他これらに類するものとして受ける金銭その他の財産によって生計を
維持している者は含まれないものとして取り扱う。

・措通31の 3 －24《名義株についての株主等の判定》

　措置法令第20条の 3 第 1 項第 5 号に規定する「株主等」とは、株主
名簿又は社員名簿に記載されている株主等をいうのであるが、株主名
簿又は社員名簿に記載されている株主等が単なる名義人であって、当
該名義人以外の者が実際の権利者である場合には、その実際の権利者
をいうことに留意する。

・措通31の 3 －25《会社その他の法人》

　措置法令第20条の 3 第 1 項第 5 号に規定する「会社その他の法人」
には、例えば、出資持分の定めのある医療法人のようなものがある。

問61　被相続人居住用家屋の敷地等の一部の譲渡について 後から更正の請求が可能か

　亡甲が１人で住んでいた建物と敷地を乙（長男）が相続しましたが、本年末までに家屋を取り壊した上でその敷地の50％を譲渡する予定です。また、残りの敷地の50％については、来年末までに不動産業者に譲渡する予定です（いずれも適用要件は全て満たしています。）。

　本特例は、来年予定している譲渡所得の申告で適用するつもりですが、仮に、本特例の適用をしないで本年の所得税の確定申告書を提出した場合でも、後から更正の請求により本特例を適用することは可能ですか。

答　相続人が被相続人居住用家屋又は被相続人居住用家屋の敷地等の一部の対象譲渡（以下この項において「当初対象譲渡」といいます。）をした場合において、相続人の選択により、当初対象譲渡について本特例の適用をしないで確定申告書を提出したときは、例えば、その後において当該相続人が行った被相続人居住用家屋又は被相続人居住用家屋の敷地等の一部の対象譲渡について本特例の適用を受けない場合であっても、当該相続人が更正の請求をし、又は修正申告書を提出するときにおいて、当該当初対象譲渡について本特例の適用を受けることはできません（措通35－18）。

解説　本特例の適用を受ける確定申告書を提出した相続人は、その後において、当該相続人が当該被相続人居住用家屋又はその敷地の一部の対象譲渡については、本特例の適用を受けることはできません。すなわち、本特例は、同一の被相続人からの相続又は遺贈により取得した被相続人居住用家屋又は被相続人居住用家屋の敷地等の譲渡について、１人の相続人

ごとに1回しかその適用を受けることができないとされています。

　また、例えば、被相続人居住用家屋の敷地等の一部の対象譲渡（当初対象譲渡）をした相続人が、まだ譲渡していない残りの被相続人居住用家屋の敷地等（以下「残地」といいます。）を譲渡した際に本特例を適用する予定であるため、当該相続人の選択により当初対象譲渡について本特例の規定の適用をしないで確定申告書を提出することも想定されます。この場合において、地価の下落等により残地の譲渡価額が当初対象譲渡の譲渡価額よりも低くなり譲渡益が減少するなどしたときに、当初対象譲渡について、相続人が更正の請求をし、又は修正申告書を提出するときにより、本特例の適用を受けることができるのか定かではありません。

　この点について、その後において当該相続人が行った残地の譲渡について本特例の適用を受けないときであっても、当該相続人が更正の請求をし、又は修正申告書を提出することによって、当初対象譲渡について本特例の適用を受けることはできないこととされています。

　なお、その後において残地の譲渡を相続開始があった日から同日以後3年を経過する日の属する年の12月31日までの間に行うことができなかったときや残地の譲渡が同項の要件を満たさないこととなったときも同様です。

（参考通達）

> **措置法通達35－18《対象譲渡について措置法第35条第3項の規定を適用しないで申告した場合》**
>
> 　相続人が被相続人居住用家屋又は被相続人居住用家屋の敷地等の一部の対象譲渡（以下この項において「当初対象譲渡」という。）をした場合において、当該相続人の選択により、当該当初対象譲渡について措置法第35条第3項の規定の適用をしないで確定申告書を提出したときは、例えば、

その後において当該相続人が行った当該被相続人居住用家屋又は被相続人居住用家屋の敷地等の一部の対象譲渡について同項の規定の適用を受けないときであっても、当該相続人が更正の請求をし、又は修正申告書を提出するときにおいて、当該当初対象譲渡について同項の規定の適用を受けることはできないことに留意する。

問62　空き家特例と措置法第31条の3《居住用財産を譲渡した場合の長期譲渡所得の課税の特例》の併用

　令和4年10月に甲が亡くなり、甲が1人で住んでいた居住用家屋及びその敷地を乙（長男）が相続しました。その後、乙は建物を取り壊して更地にし、令和5年7月に8,000万円で譲渡しました。

　なお、相続した家屋及びその敷地を相続した時点での所有期間は、いずれも10年を超えていますが、令和5年の譲渡所得の申告において、「空き家特例」と「軽減税率（措法31の3）」を併用することができますか。

答　ご質問のケースでは、措置法第31条の3《居住用財産を譲渡した場合の長期譲渡所得の課税の特例》（以下「軽減税率の特例」といいます。）は適用できません。

解説　個人が所有していた居住用不動産（譲渡した年の1月1日における所有期間が10年を超えるもの）で一定の要件（措置法第35条第2項で定める要件を満たすもの）を満たしているものの譲渡をした場合には、3,000万円を控除した課税長期譲渡所得金額に下記のような特別な税率が適用されることになります。

譲渡所得金額	税率
6,000万円超	15%（5%）
6,000万円以下	10%（4%）

※　（　）は、住民税の税率です。なお、平成24年から平成49年（令和19年）までは所得税額に復興特別所得税が2.1%加算されます。

　ところで、軽減税率の特例は、譲渡した年の１月１日において所有期間が10年超のものが対象となっていますが、軽減税率の特例は、自己が所有する居住用財産を譲渡した場合の特例ですので、空き家特例の要件に定められているように、そこに一度も居住していない相続人は対象外とされています。

　したがって、ご質問のケースは、譲渡した年の１月１日において家屋も土地も所有期間が10年を超えていますが、相続人（乙）は相続後（自己で所有した後）に被相続人居住用家屋に一度も居住していませんので、軽減税率の特例（措置法第31条の３）の適用は困難です。

問63 空き家特例と事業用資産の買換えの特例

　空き家特例は、被相続人の居住の用に供されていた家屋及びその敷地が対象であり、店舗として利用していた部分は適用対象外とされています。

　ところで、被相続人の居住用部分と店舗部分から構成されている家屋及びその敷地を譲渡した場合、居住用部分については空き家特例、店舗部分については事業用資産の買換え特例を適用することは可能ですか。

〔相続時の利用状況〕

居住用 50m²　⇒　空き家特例

店舗 50m²　⇒　事業用の買換

100m²

答　譲渡した資産が空き家の特例の対象となる被相続人の居住用部分とそれ以外の非居住用部分（例えば、租税特別措置法第37条の適用対象部分）からなる家屋及びその敷地である場合には次のとおり空き家特例と事業用資産の買換え特例の適用は可能です。

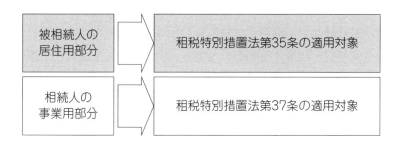

被相続人の 居住用部分	⇒	租税特別措置法第35条の適用対象
相続人の 事業用部分	⇒	租税特別措置法第37条の適用対象

問64　空き家特例と他の特例の重複適用について

　甲は、亡父が1人で居住していた家屋（昭和49年新築）及びその敷地を相続により取得し（令和4年6月5日）、家屋に耐震基準を満たす改築を行った後、家屋と敷地を令和5年3月5日に譲渡しました。

　この前提で空き家特例と他の特例との適用関係を教えてください。

(1)　甲が令和5年12月25日に自己の居住の用に供していた家屋及びその敷地（以下「自宅」といいます。）を譲渡した場合における当該譲渡に対する措置法第35条第1項と空き家特例の適用関係

(2)　甲が空き家を令和5年3月5日に譲渡した後、同年10月に自己の居住用家屋を取得した場合で、当該家屋に係る住宅借入金を有しているときにおける空き家特例と措置法第41条《住宅借入金等を有する場合の所得税額の特別控除》の規定の適用関係（自宅の譲渡はありません。）

(3)　甲が亡父の遺産等を相続するに当たり相続税を納付している場合において、空き家特例と措置法第39条《相続財産に係る譲渡所得の課税の特例》の規定の適用関係

答

(1)　空き家特例と措置法第35条第1項《自己の居住用財産の譲渡所得の特別控除》の併用は可能ですが、特例控除額の上限は3,000万円です。

(2)　空き家特例と住宅取得資金借入金等特別控除の併用は可能です。

(3)　空き家特例と措置法第39条の規定のいずれか一方を選択して適用することになります。

解説

1 事例(1)について

空き家の特例の規定では、相続により措置法第35条第4項に規定する被相続人居住用家屋及び被相続人居住用家屋の敷地等の取得をした個人が、同条第3項各号に掲げる譲渡をした場合には、同条第1項に規定する居住用財産を譲渡した場合に該当するものとみなすこととされています（措法35③）。

そして、措置法第35条第1項には、居住用財産を譲渡した場合に該当することとなった場合には、その年中にその該当することとなった全部の資・産の譲渡に対する譲渡所得の金額から3,000万円を控除した金額とする旨が規定されています。

したがって、甲が父の相続により取得した被相続人居住用家屋及びその敷地の譲渡は、措置法第35条第3項の規定により「居住用財産を譲渡した場合」とみなされることとなり、また、甲が所有していた自宅の譲渡は同条第1項に規定する「居住用財産を譲渡した場合」に該当することから、甲は被相続人居住用家屋及びその敷地の譲渡と自宅の譲渡に係る譲渡所得の金額から3,000万円を限度として特別控除をすることができます。

なお、措置法第35条第1項に規定する「全部の資産」とは、同項に規定する「居住用財産」及び同条第3項に規定する「被相続人居住用家屋及び被相続人居住用家屋の敷地等」をいいますが、「居住用財産」については譲渡者が「主としてその居住の用に供していたと認められる一の家屋及びその敷地」に、また、「被相続人居住用家屋及び被相続人居住用家屋の敷地等」については被相続人が「主としてその居住の用に供していたと認められる一の建築物及びその敷地」に、それぞれ限られることになります（措令23①⑥）。

2　事例⑵について

　措置法第41条の適用に当たり重複適用できない規定から空き家の特例は除かれていることから、甲は、令和5年分の確定申告において、被相続人居住用家屋及びその敷地の譲渡に係る譲渡所得について、空き家特例を適用するとともに新築した自宅の借入金について措置法第41条を適用することができます（措法41⑮）。

3　事例⑶について

　措置法第35条第3項は、空き家特例について、同法第39条と重複適用できない旨規定していることから（措法35③）、甲が、被相続人居住用家屋及びその敷地の譲渡について、措置法第39条を適用する場合には、空き家特例を適用することができません。

　なお、仮に亡父の居住していた家屋が下記のような店舗併用住宅であった場合には、居住用部分については、「空き家特例」と「相続税額の取得費加算の特例」のいずれか一方を選択適用することができ、店舗部分については、「相続税額の取得費加算の特例」を適用することができます（措通35−8）。

〔相続時の利用状況〕

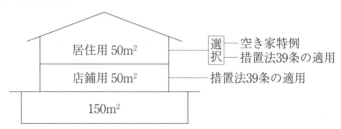

　自己の居住用不動産の特別控除（3,000万円）の特例は、前年又は前々年に適用を受けている場合には適用できませんが、空き家特例も前年又は前々年に自己の居住用不動産の特例控除の適用を受けていた場合に適用を受けることはできないのでしょうか。

答　前年又は前々年において、既に自己の居住用不動産の特別控除（3,000万円）の特例の適用を受けていたとしても本特例の適用は可能です。

解説　前年又は前々年において既に次の特例の適用を受けている場合には、自己の居住用不動産の譲渡所得について措置法第35条第1項の適用を受けることはできません（措法35②）。

	内　　容	条　　文
①	自己の居住用不動産の譲渡の特別控除	措法35②
②	特定居住用財産の買換え等の場合の課税の特例	措法36の2
③	特定居住用財産を交換した場合の課税の特例	措法36の5
④	居住用財産の買換え等の場合の譲渡損失の損益通算及び繰越控除	措法41の5
⑤	特定居住用財産の譲渡損失の損益通算及び繰越控除	措法41の5の2

　これは、生活の本拠としている居住用財産の譲渡が毎年行われることは稀であること及び特別控除方式を採用していること（課税繰延方式ではありません。）から最高3年に一度と限定したものです。

　一方で、前年又は前々年において既に上記の各特例を受けていた場合においても、空き家特例に関しては適用制限がないことから適用を受けるこ

とができると考えます（措法35②）。

　なお、同一年分において、空き家特例の適用対象である被相続人居住用家屋及びその敷地と措置法第35条第1項の適用対象である自己の居住用不動産を譲渡している場合には、適用要件を満たしていればいずれにも特例の適用が可能ですが、この場合の特別控除は3,000万円が限度となります（措通35-7）。

　また、本特例は、1回の相続につき、相続人ごとに1回しか適用できませんので、本特例を受けようとする者がその相続等により取得した被相続人居住用家屋又はその敷地の譲渡において本特例の適用を受けている場合には、本特例の適用はできません。

問66　空き家特例の控除の順序等

　空き家特例の計算において、長期譲渡所得と短期譲渡所得が算出された場合、特別控除（3,000万円）はどちらから先に控除しますか。また、各措置法の特別控除を同一年中に受ける場合の各特別控除の適用順について教えてください。

答　空き家特例に係る譲渡所得は、被相続人居住用家屋及びその敷地の取得時期を引き継いで長期譲渡所得又は短期譲渡所得として計算されますが、特別控除額の上限は3,000万円とされています。したがって、計算された譲渡所得の金額が3,000万円以内であれば、特別控除額により譲渡所得は算出されませんが、短期譲渡所得と長期譲渡所得の合計額が3,000万円を超える場合は、短期譲渡所得から先に差し引いてよいのか疑問が生じます。この点は納税者が有利になるよう短期譲渡所得から先に控除することが認められています。

　また、同一年分において、自己の居住用不動産を譲渡した場合の特例及び空き家特例の適用を受ける場合に、これらに係る譲渡が分離短期譲渡所得又は分離長期譲渡所得と区分が同じ場合には、空き家特例の対象となる譲渡所得金額から先に控除します（措通35－7）。

(1)　居住用財産の特別控除額は、次の順にこれらの資産の譲渡益から差し引きます。

　これは納税者が有利となるように税率の低い資産の譲渡益が残るものと擬制したものです。

　　①　分離短期一般資産
　　②　分離短期軽減資産

      ③　分離長期一般資産

      ④　分離長期特定資産

      ⑤　分離長期軽減資産

(2)　また、同一年中の譲渡について、次の各特別控除の規定のうち2以上の規定の適用を受けることにより、特別控除の合計額が5,000万円を超える場合には5,000万円が限度額になります（措法36）が、その場合の控除の順序は、次の規定の順になります（措令24）。

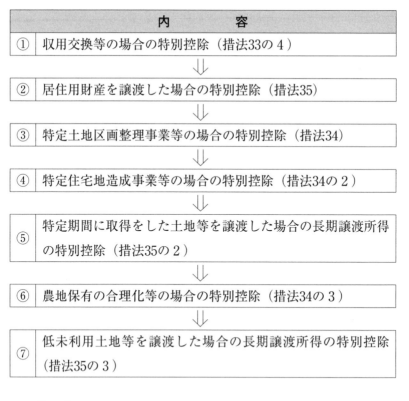

内　　　容
①　収用交換等の場合の特別控除（措法33の4）
⇓
②　居住用財産を譲渡した場合の特別控除（措法35）
⇓
③　特定土地区画整理事業等の場合の特別控除（措法34）
⇓
④　特定住宅地造成事業等の場合の特別控除（措法34の2）
⇓
⑤　特定期間に取得をした土地等を譲渡した場合の長期譲渡所得の特別控除（措法35の2）
⇓
⑥　農地保有の合理化等の場合の特別控除（措法34の3）
⇓
⑦　低未利用土地等を譲渡した場合の長期譲渡所得の特別控除（措法35の3）

上記①～⑦の控除額は、5,000万円が限度となります。

┌─ **問67 申告に必要な記載事項及び添付書類** ─────

　亡父から相続により取得した被相続人居住用家屋及びその敷地等を、耐震基準を満たすようにリフォームを行い譲渡しました。

　空き家特例の適用要件は満たしていることを前提として、所得税の確定申告書を提出するに当たり、必要な記載事項及び添付書類について教えてください。

└──────────────────────────

答　本特例の適用を受けるためには、確定申告書に次の(1)の事項を記載するとともに、被相続人居住用家屋又は被相続人居住用家屋とその敷地を譲渡した場合には(2)の書類を、被相続人居住用家屋を取り壊して敷地等のみを譲渡した場合には(3)の書類を確定申告書に添付して提出する必要があります（措法35⑫、措規18の2①二）。

(1)　記載事項

①	措置法第35条第3項の規定により同条第1項の規定の適用を受けようとする旨
②	対象譲渡に該当する事実
③	被相続人の氏名、死亡時の住所、死亡年月日
④	居住用家屋取得相続人がいる場合には、その者の氏名及び住所、相続開始時における被相続人居住用家屋又はその敷地等の持分の割合
⑤	適用前譲渡がある場合には、適用前譲渡をした居住用家屋取得相続人の氏名、その者が行った適用前譲渡の年月日及び対価の額
⑥	その他参考となるべき事項

⑵　被相続人居住用家屋又は被相続人居住用家屋とその敷地等を共に譲渡した場合の添付書類（措規18の２②ニイ）

①	譲渡所得の金額の計算に関する明細書
②	被相続人居住用家屋及びその敷地の登記事項証明書その他の書類で次に掲げる事項を明らかにするもの イ　譲渡資産を相続等により取得したこと 　　例えば、遺産分割協議書、遺言書など ロ　その家屋が昭和56年５月31日以前に建築されたこと 　・確認済証 　　特定行政府又は指定確認検査期間が証明したもので昭和56年５月31日以前に交付されたもの 　・検査済証 　　特定行政府又は指定検査期間が建物が建築基準法の基準に適合していることを証明したもので記載された確認済証交付年月日が昭和56年12月31日以前のもの 　・建物の請負契約書 ハ　その家屋が区分所有建物でないことを明らかにするもの 　　固定資産税課税台帳の写し
③	被相続人居住用家屋の所在地の市区町村長又は特別区の区長が次の事項を確認した旨を記載した書類（被相続人居住用家屋等確認書） 　なお、被相続人が老人ホーム等に入居していた場合以外については、ⅰ及びⅱの事項 ⅰ　相続開始直前（又は特定事由により被相続人の居住の用に供されなくなる直前）において、被相続人がその家屋を居住の用に供しており、かつ、その家屋に被相続人以外に居住をしていた者がいなかったこと ⅱ　その家屋又はその敷地等が相続開始の時から譲渡の時まで事業の用、貸付けの用又は住居の用に供されていたことがないこと ⅲ　その家屋が特定事由により相続開始の直前において被相続人の居住

③	の用に供されていなかったこと iv　特定事由により被相続人の居住の用に供されなくなった時から、相続開始の直前まで引き続き、その家屋が被相続人の物品の保管その他の用に供されていたこと v　特定事由により被相続人の居住の用に供されなくなった時から相続開始の直前まで、その家屋が、事業の用、貸付けの用又は被相続人以外の者の居住の用に供されたことがないこと vi　被相続人が、老人ホーム等に入居した時から相続開始の直前までの間において被相続人が主としてその居住の用に供していたと認められる家屋が、その老人ホーム等の施設であること
④	耐震基準に適合する家屋である旨を証する書類 例えば、耐震基準適合証明書（201ページ参照）又は建設住宅性能評価書（202ページ参照）
⑤	被相続人居住用家屋又はその敷地等に係る売買契約書の写しその他の書類で、被相続人の居住用家屋又はその敷地等の譲渡に係る対価の額が1億円（対象譲渡に係る適用前譲渡がある場合には、1億円から適用前譲渡に係る対価の額の合計額を控除した残額）以下であることを明らかにする書類

(3)　**被相続人居住用家屋を取り壊して敷地等のみを譲渡した場合の添付書類（措規18の2②二ロ）**

①	前記(2)①の書類
②	前記(2)②の書類
③	被相続人居住用家屋の敷地等の所在地の市区町村長又は特別区の区長が次の事項を確認した旨を記載した書類（被相続人居住用家屋等確認書） 　なお、被相続人が老人ホーム等に入居していた場合以外については、ⅰないしⅳの事項

③	ⅰ　相続開始の直前（又は特定事由により被相続人の居住の用に供されなくなる直前）において、被相続人が被相続人居住用家屋を居住の用に供しており、かつ、被相続人居住用家屋に被相続人以外に居住をしていた者がいなかったこと ⅱ　被相続人居住用家屋が相続時からその全部の取壊し、除却又は滅失の時まで事業の用、貸付けの用又は居住の用に供されていたことがないこと ⅲ　被相続人居住用家屋の敷地等が相続の時から譲渡の時まで事業等の用に供されていたことがないこと ⅳ　被相続人居住用家屋の敷地等がⅱの取壊し、除却又は滅失の時から譲渡の時まで建物又は構築物の敷地の用に供されていたことがないこと ⅴ　被相続人居住用家屋が特定事由により相続開始の直前において被相続人の居住の用に供されていなかったこと ⅵ　特定事由により被相続人の居住の用に供されなくなった時から、相続開始の直前まで引き続き、被相続人居住用家屋が被相続人の物品の保管その他の用に供されていたこと ⅶ　特定事由により被相続人の居住の用に供されなくなった時から相続開始の直前まで、被相続人居住用家屋が、事業の用、貸付けの用又は被相続人以外の者の居住の用に供されたことがないこと ⅷ　被相続人が、老人ホーム等に入居した時から相続開始の直前までの間において被相続人が主としてその居住の用に供していたと認められる家屋が、その施設等であること
④	被相続人居住用家屋の敷地等に係る売買契約書の写しその他の書類で、被相続人居住用家屋の敷地等の譲渡に係る対価の額が１億円（対象譲渡に係る適用前譲渡がある場合には、１億円から適用前譲渡に係る対価の額の合計額を控除した残額）以下であることを明らかにする書類

別表

耐 震 基 準 適 合 証 明 書

証明申請者	住　所	
	氏　名	
家屋番号及び所在地		
家　屋　調　査　日		年　　　月　　　日
適合する耐震基準		1　建築基準法施行令第3章及び第5章の4の規定 ②　地震に対する安全性に係る基準

　　上記の家屋が租税特別措置法施行令
　　　　　　　　　　　　　　（イ）　第23条第5項
　　　　　　　　　　　　　　（ロ）　第24条の2第3項第1号
　　　　　　　　　　　　　　（ハ）　第26条第3項
　　　　　　　　　　　　　　（ニ）　第40条の4の2第3項
　　　　　　　　　　　　　　（ホ）　第40条の5第2項
に定める地震に対する安全性に係る基準に適合することを証明します。

証　明　年　月　日	年　　　月　　　日

１．証明者が建築士事務所に属する建築士の場合

証明を行った建築士	氏　　　　名				印
	一級建築士、二級建築士又は木造建築士の別		登　録　番　号		
			登録を受けた都道府県名（二級建築士又は木造建築士の場合）		
証明を行った建築士の属する建築士事務所	名　　　　称				
	所　在　地				
	一級建築士事務所、二級建築士事務所又は木造建築士事務所の別				
	登録年月日及び登録番号				

２．証明者が指定確認検査機関の場合

証明を行った指定確認検査機関	名　　　　称					印
	住　　　　所					
	指定年月日及び指定番号					
	指定をした者					
調査を行った建築士又は建築基準適合判定資格者	氏　　　　名					
	建築士の場合	一級建築士、二級建築士又は木造建築士の別		登　録　番　号		
				登録を受けた都道府県名（二級建築士又は木造建築士の場合）		
	建築基準適合判定資格者の場合			登　録　番　号		
				登録を受けた地方整備局等名		

（参考2）

住宅の品質確保の促進等に関する法律
第5条第1項に基づく

建 設 住 宅 性 能 評 価 書

（ 一戸建ての住宅(新築住宅) ）

（申請者の住所）
　　（申請者の氏名又は名称）　　様

　　　下記の住宅に関して、評価方法基準（平成13年8月14日国土交通省告
　　示第1347号（最終改正　平成16年4月1日国土交通省告示第422号））
　　に基づき評価を行った結果について、次の通り相違ないことを証します。

　　　┌なお、上記は評価方法基準に基づいて評価を行った結果であり、┐
　　　│時間経過による変化がないことを保証するものではありません。│
　　　└　　　　　　　　　　　　　　　　　　　　　　　　　　　　┘

記

　　　1．建築主　　　　（氏名又は名称）　　（連絡先）
　　　2．設計者　　　　（氏名又は名称）　　（連絡先）
　　　3．工事施工者　　（氏名又は名称）　　（連絡先）
　　　4．工事監理者　　（氏名又は名称）　　（連絡先）
　　　5．住宅の名称
　　　6．住宅の所在地

以上

評価書交付年月日	年　　月　　日	評価書交付番号	－ 　 － 　 －
指定住宅性能評価機関名			
機関指定番号			
評価員氏名			印

－住宅に関する基本的な事項－
工事監理報告書、施工状況報告書及び目視又は計測等により確認したものである

事　項	内　容
住宅の階数	地上［　　　階］　　地下［　　　階］
住宅の面積	建築面積［　　　㎡］　延べ面積［　　　㎡］
住宅の構造	［　　　　　　造］　一部［　　　　　　　　　　造］

－必須項目－

項　目		結　果	
1.構造の安定に関すること	1-1 耐震等級 (構造躯体の倒壊等防止)	地震に対する構造躯体の倒壊、崩壊等のしにくさ	
		3	極めて稀に（数百年に一度程度）発生する地震による力（建築基準法施行令第88条第3項に定めるもの）の1.5倍の力に対して倒壊、崩壊等しない程度
		2	極めて稀に（数百年に一度程度）発生する地震による力（建築基準法施行令第88条第3項に定めるもの）の1.25倍の力に対して倒壊、崩壊等しない程度
		1	極めて稀に（数百年に一度程度）発生する地震による力（建築基準法施行令第88条第3項に定めるもの）に対して倒壊、崩壊しない程度
	1-2 耐震等級 (構造躯体の損傷防止)	地震に対する構造躯体の損傷（大規模な修復工事を要する程度の著しい損傷）の生じにくさ	
		3	稀に（数十年に一度程度）発生する地震による力（建築基準法施行令第88条第2項に定めるもの）の1.5倍の力に対して損傷を生じない程度
		2	稀に（数十年に一度程度）発生する地震による力（建築基準法施行令第88条第2項に定めるもの）の1.25倍の力に対して損傷を生じない程度
		1	稀に（数十年に一度程度）発生する地震による力（建築基準法施行令第88条第2項に定めるもの）に対して損傷を生じない程度
	1-3 耐風等級 (構造躯体の倒壊等防止及び損傷防止)	暴風に対する構造躯体の倒壊、崩壊のしにくさ及び構造躯体の損傷（大規模な修復工事を要する程度の著しい損傷）の生じにくさ	
		2	極めて稀に（500年に一度程度）発生する暴風による力（建築基準法施行令第87条に定めるものの1.6倍）の1.2倍の力に対して倒壊、崩壊等せず、稀に（50年に一度程度）発生する暴風による力（同条に定めるもの）の1.2倍の力に対して損傷を生じない程度
		1	極めて稀に（500年に一度程度）発生する暴風による力（建築基準法施行令第87条に定めるものの1.6倍）に対して倒壊、崩壊等せず、稀に（50年に一度程度）発生する暴風による力（同条に定めるもの）に対して損傷を生じない程度
	1-4 耐積雪等級 (構造躯体の倒壊等防止及び損傷防止)	屋根の積雪に対する構造躯体の倒壊、崩壊等のしにくさ及び構造躯体の損傷（大規模な修復工事を要する程度の著しい損傷）の生じにくさ	
		2	極めて稀に（500年に一度程度）発生する積雪による力（建築基準法施行令第86条に定めるものの1.4倍）の1.2倍の力に対して倒壊、崩壊等せず、稀に（50年に一度程度）発生する積雪による力（同条に定めるもの）の1.2倍の力に対して損傷を生じない程度
	□該当区域以外	極めて稀に（500年に一度程度）発生する積雪による力（建築基準法施行令第86条に定めるものの1.4倍）に対して倒壊、崩壊等せず、稀に（50年に一度程度）発生する積雪による力（同条に定めるもの）に対して損傷を生じない程度	
	1-5 地盤又は杭の許容支持力等及びその設定方法	地盤又は杭に見込んでいる常時作用する荷重に対し抵抗し得る力の大きさ及び地盤に見込んでいる抵抗し得る力の設定の根拠となった方法	
		□地盤の許容応力度［　　　kN／㎡］　□杭の許容支持力［　　　kN／本］	
		地盤調査方法等［　　　　　　　　　　　］	
	1-6 基礎の構造方法及び形式等	直接基礎の構造及び形式又は杭基礎の杭種、杭径及び杭長	
		□直接基礎　構造方法［　　　　　　　］　形式［　　　　　　　　］	
		□杭基礎　　杭種［　　　　　　　］　杭径［　　　cm］　杭長［　　　m］	
2.火災時の安全に関すること	2-1 感知警報装置設置等級 (自住戸火災時)	評価対象住戸において発生した火災の早期の覚知のしやすさ	
		4	評価対象住戸において発生した火災のうち、すべての台所及び居室で発生した火災を早期に感知し、住戸全域にわたり警報を発するための装置が設置されている
		3	評価対象住戸において発生した火災のうち、すべての台所及び居室で発生した火災を早期に感知し、当該室付近に警報を発するための装置が設置されている
		2	評価対象住戸において発生した火災のうち、台所及び1以上の居室で発生した火災を感知し、当該室付近に警報を発するための装置が設置されている
		1	その他
	2-4 脱出対策(火災時)	通常の歩行経路が使用できない場合の緊急的な脱出のための対策	
	□該当なし	□直接階段に直接通ずるバルコニー　　　□隣戸に通ずるバルコニー	
		□避難器具［　　　　　　　　　　］　　□その他［　　　　　　　　　　］	
	2-5 耐火等級 (延焼のおそれのある部分(開口部)) □該当なし	延焼のおそれのある部分の開口部に係る火災による火炎を遮る時間の長さ	
		3	火炎を遮る時間が60分相当以上
		2	火炎を遮る時間が20分相当以上
		1	その他
	2-6 耐火等級 (延焼のおそれのある部分(開口部以外))	延焼のおそれのある部分の外壁等（開口部以外）に係る火災による火熱を遮る時間の長さ	
		4	火熱を遮る時間が60分相当以上
		3	火熱を遮る時間が45分相当以上
		2	火熱を遮る時間が20分相当以上
	□該当なし	1	その他

項　目		結　果	
3.劣化の軽減に関すること	3-1 劣化対策等級（構造躯体等）	構造躯体等に使用する材料の交換等大規模な改修工事を必要とするまでの期間を伸長するため必要な対策の程度	
		3	通常想定される自然条件及び維持管理の条件の下で3世代（おおむね75～90年）まで、大規模な改修工事を必要とするまでの期間を伸長するため必要な対策が講じられている
		2	通常想定される自然条件及び維持管理の条件の下で2世代（おおむね50～60年）まで、大規模な改修工事を必要とするまでの期間を伸長するため必要な対策が講じられている
		1	建築基準法に定める対策が講じられている
4.維持管理への配慮に関すること	4-1 維持管理対策等級（専用配管）□該当なし	専用の給排水管及びガス管の維持管理（清掃、点検及び補修）を容易とするため必要な対策の程度	
		3	掃除口及び点検口が設けられている等、維持管理を容易にすることに特に配慮した措置が講じられている
		2	配管をコンクリートに埋め込まない等、維持管理を行うための基本的な措置が講じられている
		1	その他
5.温熱環境に関すること	5-1 省エネルギー対策等級	暖冷房に使用するエネルギーの削減のための断熱化等による対策の程度 地域区分　［Ⅰ・Ⅱ・Ⅲ・Ⅳ・Ⅴ・Ⅵ］	
		4	エネルギーの大きな削減のための対策（エネルギーの使用の合理化に関する法律の規定による建築主の判断の基準に相当する程度）が講じられている
		3	エネルギーの一定程度の削減のための対策が講じられている
		2	エネルギーの小さな削減のための対策が講じられている
		1	その他
6.空気環境に関すること	6-1 ホルムアルデヒド対策（内装及び天井裏等）	居室の内装の仕上げ及び換気等の措置のない天井裏等の下地材等からのホルムアルデヒドの発散量を少なくする対策 □製材等（丸太及び単層フローリングを含む）を使用する □特定建材を使用する □その他の建材を使用する （結果が「特定建材を使用する」の場合のみ、以下の「ホルムアルデヒド発散等級」の結果を表示する。）	
	ホルムアルデヒド発散等級 □該当なし　（内装）□該当なし　（天井裏等）	居室の内装の仕上げ及び換気等の措置のない天井裏等の下地材等に使用される特定建材からのホルムアルデヒドの発散量の少なさ	
		内装　天井裏等	
		3　　3	ホルムアルデヒドの発散量が極めて少ない（日本工業規格又は日本農林規格のF☆☆☆☆等級相当以上）
		2　　2	ホルムアルデヒドの発散量が少ない（日本工業規格又は日本農林規格のF☆☆☆等級相当以上）
		1　　－	その他
	6-2 換気対策	室内空気中の汚染物質及び湿気を屋外に除去するため必要な換気対策	
	居室の換気対策	住宅の居室全体で必要な換気量が確保できる対策 □機械換気設備　□その他［　　　　　　］	
	局所換気対策 □便所　該当なし □浴室　該当なし □台所　該当なし	換気上重要な便所、浴室及び台所の換気のための対策 便所：□機械換気設備　□換気のできる窓　□なし 浴室：□機械換気設備　□換気のできる窓　□なし 台所：□機械換気設備　□換気のできる窓　□なし	
7.光・視環境に関すること	7-1 単純開口率	居室の外壁又は屋根に設けられた開口部の面積の床面積に対する割合 単純開口率：［　　　％以上］	
	7-2 方位別開口比	居室の外壁又は屋根に設けられた開口部の面積の各方位毎の比率 北：［　　　　］　東：［　　　　］ 南：［　　　　］　西：［　　　　］　真上：［　　　　］	
9.高齢者等への配慮に関すること	9-1 高齢者等配慮対策等級（専用部分）	住戸内における高齢者等への配慮のために必要な対策の程度	
		5	高齢者等が安全に移動することに特に配慮した措置が講じられており、介助用車いす使用者が基本的な生活行為を行うことを容易にすることに特に配慮した措置が講じられている
		4	高齢者等が安全に移動することに配慮した措置が講じられており、介助用車いす使用者が基本的な生活行為を行うことを容易にすることに配慮した措置が講じられている
		3	高齢者等が安全に移動するための基本的な措置が講じられており、介助用車いす使用者が基本的な生活行為を行うための基本的な措置が講じられている
		2	高齢者等が安全に移動するための基本的な措置が講じられている
		1	住戸内において、建築基準法に定める移動時の安全性を確保する措置が講じられている

項　　目		結　　果
6.空気環境に関すること	6-3室内空気中の化学物質の濃度等	評価対象住戸の空気中の化学物質の濃度及び測定方法

<table>
<tr><td rowspan="1">特定測定物質の名称
［ホルムアルデヒド］</td><td>特定測定物質の濃度　：[　　　　　　　　　]

測定器具の名称　：[　　　　　　　　　　　　　]
採取を行った年月日　　：[　　年　　月　　日]
採取を行った時刻等　　：[　　　　　　　　～　　　　　　　]
内装仕上げ工事の完了日：[　　年　　月　　日]
採取条件（居室の名称）：[　　　　　　　　　　　]
（室温（平均の室温））：[　　　℃]
（相対湿度（平均の相対湿度））：[　　　%]
（天候）：[　　　　　　]
（日照の状況）：[　　　　　　　　　　]

（換気の実施状況）：[　　　　　　　　　]

（冷暖房の実施状況）：[　　　　　　　　　]

（その他）：[　　　　　　　　　]
分析した者の氏名又は名称　：[</td></tr>
<tr><td rowspan="1">特定測定物質の名称
［　　　　　　］</td><td>特定測定物質の濃度　：[　　　　　　　　　]

測定器具の名称　：[　　　　　　　　　　　　　]
採取を行った年月日　　：[　　年　　月　　日]
採取を行った時刻等　　：[　　　　　　　　～　　　　　　　]
内装仕上げ工事の完了日：[　　年　　月　　日]
採取条件（居室の名称）：[　　　　　　　　　　　]
（室温（平均の室温））：[　　　℃]
（相対湿度（平均の相対湿度））：[　　　%]
（天候）：[　　　　　　]
（日照の状況）：[　　　　　　　　　　]

（換気の実施状況）：[　　　　　　　　　]

（冷暖房の実施状況）：[　　　　　　　　　]

（その他）：[　　　　　　　　　]
分析した者の氏名又は名称　：[</td></tr>
<tr><td rowspan="1">特定測定物質の名称
［　　　　　　］</td><td>特定測定物質の濃度　：[　　　　　　　　　]

測定器具の名称　：[　　　　　　　　　　　　　]
採取を行った年月日　　：[　　年　　月　　日]
採取を行った時刻等　　：[　　　　　　　　～　　　　　　　]
内装仕上げ工事の完了日：[　　年　　月　　日]
採取条件（居室の名称）：[　　　　　　　　　　　]
（室温（平均の室温））：[　　　℃]
（相対湿度（平均の相対湿度））：[　　　%]
（天候）：[　　　　　　]
（日照の状況）：[　　　　　　　　　　]

（換気の実施状況）：[　　　　　　　　　]

（冷暖房の実施状況）：[　　　　　　　　　]

（その他）：[　　　　　　　　　]
分析した者の氏名又は名称　：[</td></tr>
</table>

評価書交付番号	－　　　－　　　－

―選択項目（8－4透過損失等級（外壁開口部））―

項　　目		結　　果				
8.音環境に関すること	8-4 透過損失等級（外壁開口部）	居室の外壁の設けられた開口部に方位別に使用するサッシによる空気伝搬音の遮断の程度				
		北	東	南	西	
		3	3	3	3	特に優れた空気伝搬音の遮断性能（日本工業規格の$R_{m(1/3)}$-25 相当以上）が確保されている程度
	□北　該当なし	2	2	2	2	優れた空気伝搬音の遮断性能（日本工業規格の$R_{m(1/3)}$-20 相当以上）が確保されている程度
	□東　該当なし					
	□南　該当なし	1	1	1	1	その他
	□西　該当なし					

評価書交付番号　　－　　－　　　－

　空き家特例を適用するためには、空き家特例を受けようとする者（以下、この設問において「申請者」という。）は、確定申告書に適用要件について対象譲渡をした被相続人居住用家屋又は被相続人居住用家屋及びその敷地等の所在地の市町村長又は特別区の区長が確認した旨を記載した書類（以下「被相続人居住用家屋等確認書」という。）を添付する必要があります（措規18の２②ニイ(3)、同ロ(3)）。

　この「被相続人居住用家屋等確認書」の取得に当たり、市区町村に提出する書類について教えてください。

答　市区町村が、被相続人居住用家屋等確認書を交付するにあたり、申請者に対して提出を求めている書類等は次のとおりです（平成28年４月１日国住政第101号・国住備第506号「相続又は遺贈により取得した被相続人居住用家屋及びその敷地等の譲渡に係る所得税及び個人住民税の特例措置の適用に当たっての要件の確認について」）。

1　被相続人居住用家屋及びその敷地等を売却した場合

①	被相続人の除票住民票の写し
②	被相続人居住用家屋の譲渡時の相続人の住民票の写し（被相続人の死亡時以降、当該相続人が居住地を２回以上移転している場合には、当該相続人の戸籍の附票の写しを含む。）
③	電気若しくはガスの閉栓証明書又は水道の使用廃止届出書
④	被相続人居住用家屋の相続人と当該家屋の媒介契約を締結した宅地建物取引業者が、当該家屋の現況が空き家であることを表示して広告していることを証する書面の写し（宅地建物取引業者による広告が行われたも

④	のに限る。)
⑤	所在市区町村が、被相続人居住用家屋又はその敷地等が、「相続の時から譲渡の時まで、家屋及び敷地等を事業の用、貸付けの用、居住の用に供していないこと」の要件を満たしていることを容易に認めることができるような書類 （例） 1　所在市区町村が認める者（被相続人居住用家屋の管理委託事業者、シルバー人材センター、地方自治法（昭和22年法律第67号）第260条の2の地縁による団体、所在市区町村と空き家対策について連携協定等を締結している特定非営利活動法人（特定非営利活動促進法（平成10年法律第7号）第2条第2項に規定する特定非営利活動法人をいう。）、事業者団体の傘下企業等をいう。以下同じ。）が被相続人居住用家屋の譲渡の時までに管理を行っていることの証明書 2　申請者が所在市区町村又は所在市区町村が認める者に対して被相続人居住用家屋が空き家である旨の登録を譲渡の時までに行っていることの証明書
⑥	被相続人居住用家屋又はその敷地等の売買契約書の写し等

2　被相続人居住用家屋を取り壊した後にその敷地等のみを売却した場合

①	被相続人の除票住民票の写し
②	被相続人居住用家屋の取壊し、除却又は滅失時の相続人の住民票の写し（被相続人の死亡時以降、当該相続人が居住地を2回以上移転している場合には、当該相続人の戸籍の附票の写しを含む。）
③	電気若しくはガスの閉栓証明書又は水道の使用廃止届出書
④	被相続人居住用家屋の相続人と当該家屋の媒介契約を締結した宅地建物取引業者が、当該家屋の現状が空き家であり、かつ、当該空き家は除却又は取壊しの予定があることを表示して広告していることを証する書面

④	の写し（宅地建物取引業者による広告が行われたものに限る。）
⑤	被相続人居住用家屋の所在市区町村が、「被相続人居住用家屋及びその敷地等が家屋（ママ）は、相続の時から取壊しの時までに、事業の用、貸付けの用又は居住の用に供していないこと」及び「相続の時から譲渡の時まで、敷地等を事業の用、貸付けの用、居住の用に供していないこと」の要件を満たしていることを容易に認めることができるような書類（例） 1　所在市区町村が認める者が被相続人居住用家屋の譲渡の時までに管理を行っていることの証明書 2　申請者が所在市区町村又は所在市区町村が認める者に対して被相続人居住用家屋が空き家である旨の登録を譲渡の時までに行っていることの証明書
⑥	被相続人居住用家屋の取壊し、除却又は滅失後の敷地等の売買契約書の写し等
⑦	被相続人居住用家屋の除却工事に係る請負契約書の写し
⑧	被相続人居住用家屋の取壊し、除却又は滅失の時から当該取壊し、除却又は滅失後の敷地等の譲渡の時までの被相続人居住用家屋の敷地等の使用状況が分かる写真
⑨	被相続人居住用家屋の除却工事に係る請負契約書の写し
⑩	被相続人居住用家屋の取壊し、除却又は滅失の時から当該取壊し、除却又は滅失後の敷地等の譲渡の時までの間の、当該敷地等における相続人の固定資産課税台帳の写し又は固定資産税の課税明細書の写し

別記様式1-1（被相続人居住用家屋又は被相続人居住用家屋及びその敷地等の譲渡の場合）

被相続人居住用家屋等確認申請書

申請者　住　所

氏　名　　　　　　　　　　　　　　電　話

下記について確認願います。

下記家屋及びその敷地等は、「相続の時から譲渡の時まで事業の用、貸付けの用又は居住の用に供されていたことがないこと」（租税特別措置法第35条第3項第1号イ）、「相続の開始の直前において当該相続又は遺贈に係る被相続人（包括遺贈者を含む。以下同じ。）の居住の用（居住の用に供することができない事由として政令で定める事由（※1）（以下「特定事由」という。）により当該相続の開始の直前において当該被相続人の居住の用に供されていなかつた場合（政令で定める要件（※2）を満たす場合に限る。）における当該特定事由により居住の用に供されなくなる直前の当該被相続人の居住の用（以下「対象従前居住の用」という。）に供されていた家屋」（同条第4項柱書）及び「相続の開始の直前において被相続人以外に居住をしていた者がいなかつたこと（当該被相続人の当該居住の用に供されていた家屋が対象従前居住の用に供されていた家屋である場合には、当該特定事由により当該家屋が居住の用に供されなくなる直前において当該被相続人以外に居住をしていた者がいなかつたこと）」（同項第3号）に該当すること

（※1）通知における特定事由と同じ。　（※2）通知における老人ホーム等入所中要件と同じ。

申請被相続人居住用家屋及びその敷地等（※3）の所在地 （敷地の所在地番）	
申請被相続人居住用家屋の建築年月日（※4）	年　　　　月　　　　日

被相続人の氏名及び住所	（住所）	
	（氏名）	申請者からみた続柄

相続開始日（被相続人の死亡日）	年　　月　　日	譲渡日 （※5）	年　　月　　日

申請被相続人居住用家屋又はその敷地等の取得をした他の相続人の氏名及び住所 ※書ききれない場合は別紙	□家屋 □敷地等	（住所）
		（氏名）
	□家屋 □敷地等	（住所）
		（氏名）

（※3）申請被相続人居住用家屋及びその敷地等は、被相続人から相続又は遺贈（贈与者の死亡により効力を生ずる贈与を含む。）により相続人（包括受遺者を含む。以下同じ。）が取得をしたものに限る。

（※4）申請被相続人居住用家屋は、昭和56年5月31日以前に建築されたものに限る。

（※5）申請被相続人居住用家屋又はその敷地等の譲渡は、相続開始日から同日以後3年を経過する日の属する年の12月31日までの間にしたものに限る。

被相続人居住用家屋等確認書

上記について確認しました。

※市区町村記入欄

確認年月日	年　　　　月　　　　日
確認を行った市区町村長	印

「相続の時から譲渡の時まで事業の用、貸付けの用又は居住の用に供されていたことがないこと」（租税特別措置法第 35 条第 3 項第 1 号イ）、「相続の開始の直前において当該相続又は遺贈に係る被相続人の居住の用（特定事由により当該相続の開始の直前において当該被相続人の居住の用に供されていなかつた場合（政令で定める要件を満たす場合に限る。）における対象従前居住の用を含む。）に供されていた家屋」（同条第 4 項柱書）及び「相続の開始の直前において被相続人以外に居住をしていた者がいなかつたこと（当該被相続人の当該居住の用に供されていた家屋が対象従前居住の用に供されていた家屋である場合には、当該特定事由により当該家屋が居住の用に供されなくなる直前において当該被相続人以外に居住をしていた者がいなかつたこと）」（同項第 3 号）の要件を満たしていることの確認に必要な書類の一覧	確認欄

①	被相続人の住民票の除票の写し（原則コピー不可） （被相続人が老人ホーム等に入所していた場合で、入所後別の老人ホーム等に転居していた場合は、当該被相続人の戸籍の附票の写し）	
②	申請被相続人居住用家屋の相続人の住民票の写し（原則コピー不可） （相続開始の直前（被相続人が老人ホーム等に入所していた場合は老人ホーム等入所の直前）から「譲渡の時」までの住所がわかるもの） ※住民票の写しでは相続開始の直前（被相続人が老人ホーム等に入所していた場合は老人ホーム等入所の直前）の住所が確認できない場合（従前の住所を定めた日や転入日等の記載がない場合、2 回以上移転している場合等）は、当該相続人の戸籍の附票の写し	
③	申請被相続人居住用家屋又はその敷地等の「譲渡の時」を明らかにする書類として、申請被相続人居住用家屋又はその敷地等の売買契約書のコピー等 ※売買契約書で申請被相続人居住用家屋又はその敷地等の引渡しがあった日が確認できない場合は登記事項証明書等（当該譲渡の時期を確認できるもの）	
④	申請被相続人居住用家屋又はその敷地等が「相続の時から譲渡の時まで事業の用、貸付けの用又は居住の用に供されていたことがないこと」を証する書類として以下の（ⅰ）～（ⅲ）のいずれか（複数の書類が提出された場合には、当該複数の書類の全て）	
（ⅰ）	電気、水道又はガスの使用中止日（閉栓日、契約廃止日等）が確認できる書類 ※閉栓日、契約廃止日等は相続開始日以降のもの	
（ⅱ）	申請被相続人居住用家屋の相続人と当該家屋の媒介契約を締結した宅地建物取引業者が、当該家屋の現況が空き家であることを表示して広告していることを証する書面（コピー可。宅地建物取引業者による広告が行われたものに限る。）	
（ⅲ）	所在市区町村が、申請被相続人居住用家屋又はその敷地等が「相続の時から譲渡の時まで事業の用、貸付けの用又は居住の用に供されていたことがないこと」の要件を満たしていることを容易に認めることができるような書類	

（ⅲ）	例	（ア）所在市区町村が認める者が申請被相続人居住用家屋の譲渡の時までに管理を行っていることの証明書	
		（イ）申請者が所在市区町村又は所在市区町村が認める者に対して申請被相続人居住用家屋が空き家である旨の登録を譲渡の時までに行っていることの証明書	
	その他上記以外の書類（　　　　　　　　　　　　　　　　　　　　　　　　　　　　）		

⑤	被相続人が老人ホーム等に入所していた場合には、以下の（ⅰ）～（ⅲ）の全ての書類	
（ⅰ）	介護保険の被保険者証のコピーや障害者の日常生活及び社会生活を総合的に支援するための法律第 22 条第 8 項に規定する障害福祉サービス受給者証のコピー等（※）、被相続人が介護保険法第 19 条第 1 項に規定する要介護認定、同条第 2 項に規定する要支援認定を受けていたこと若しくは介護保険法施行規則第 140 条の 62 の 4 第 2 号に該当していたこと又は障害者の日常生活及び社会生活を総合的に支援するための法律第 21 条第 1 項に規定する障害支援区分の認定を受けていたことを明らかにする書類 ※その他要介護認定等の決定通知書、市区町村作成の要介護認定等を受けたことを証する書類、要介護認定等に関する情報を含む老人ホーム等の記録等でも可とする。	

（次ページに続く）

211

（前ページの続き）

（ⅱ）	施設への入所時における契約書のコピー等、被相続人が相続開始の直前において入居又は入所していた住居又は施設の名称及び所在地並びにその住居又は施設が次のいずれに該当するかを明らかにする書類 （ア）老人福祉法第5条の2第6項に規定する認知症対応型老人共同生活援助事業が行われる住居、同法第20条の4に規定する養護老人ホーム、同法第20条の5に規定する特別養護老人ホーム、同法第20条の6に規定する軽費老人ホーム又は同法第29条第1項に規定する有料老人ホーム （イ）介護保険法第8条第28項に規定する介護老人保健施設又は同条第29項に規定する介護医療院 （ウ）高齢者の居住の安定確保に関する法律第5条第1項に規定するサービス付き高齢者向け住宅（（ア）の有料老人ホームを除く。） （エ）障害者の日常生活及び社会生活を総合的に支援するための法律第5条第11項に規定する障害者支援施設（同条第10項に規定する施設入所支援が行われるものに限る。）又は同条第17項に規定する共同生活援助を行う住居	
（ⅲ）	被相続人の老人ホーム等入所後から相続開始の直前まで、被相続人が申請被相続人居住用家屋を一定使用し、かつ、事業の用、貸付けの用又は被相続人以外の居住の用に供されていないことを証する書類として以下のいずれか（複数の書類が提出された場合には、当該複数の書類の全て） （ア）電気、水道又はガスの契約名義（支払人）及び使用中止日（閉栓日、契約廃止日等）が確認できる書類 ※閉栓日、契約廃止日等は相続開始日以降のもの （イ）申請被相続人居住用家屋への外出、外泊等の記録（老人ホーム等が保有するもの）のコピー等 （ウ）その他要件を満たしていることを認めることができるような書類（※6） （　　　　　　　　　　　　　　　　　　　　　　　　　　　　　　　　　　　　　）|
備考	（例：空家等対策の推進に関する特別措置法第11条に基づく空家等に関するデータベースから確認できた内容、上記書類によって確認ができなかった場合（該当する確認欄に「※」を記載すること。）において代替書類・補充書類及びヒアリング内容・申請者の申立てにより確認できた内容　等）	

（※6）申請被相続人居住用家屋に配達された被相続人宛の郵便物等。また、電気、水道又はガスの使用中止日を確認できる書類の提出があったが当該書類で契約名義（支払人）が明確とならなかった場合（すなわち、申請被相続人居住用家屋の一定使用は認められるが、事業の用等に供されていないことが確認できない場合）の書類として、市区町村が認める者が申請被相続人居住用家屋の管理を行っていたことの証明書、不動産所得がないことを確認するための地方税の所得証明書等。

（用紙　日本産業規格　Ａ4）

別記様式1-2 （被相続人居住用家屋の取壊し、除却又は滅失後の敷地等の譲渡の場合）

被 相 続 人 居 住 用 家 屋 等 確 認 申 請 書

申 請 者　住　所

氏　名　　　　　　　　　　　　　　　電　話

下記について確認願います。

下記家屋及びその敷地等は、当該家屋が「相続の時から取壊し、除却又は滅失の時まで事業の用、貸付けの用又は居住の用に供されていたことがないこと」（租税特別措置法第35条第3項第2号イ）、当該敷地等が「相続の時から譲渡の時まで事業の用、貸付けの用又は居住の用に供されていたことがないこと」（同号ロ）及び「取壊し、除却又は滅失の時から譲渡の時まで建物又は構築物の敷地の用に供されていたことがないこと」（同号ハ）、当該家屋が「相続の開始の直前において当該被相続人又は遺贈に係る被相続人（包括遺贈者を含む。以下同じ。）の居住の用（居住の用に供することができない事由として政令で定める事由（※1）（以下「特定事由」という。）により当該相続の開始の直前において当該被相続人の居住の用に供されていなかつた場合（政令で定める要件（※2）を満たす場合に限る。）における当該特定事由により居住の用に供されなくなる直前の当該被相続人の居住の用（以下「対象従前居住の用」という。）を含む。）に供されていた家屋」（同条第4項柱書）及び「相続の開始の直前において当該被相続人以外に居住をしていた者がいなかつたこと（当該被相続人の当該居住の用に供されていた家屋が対象従前居住の用に供されていた家屋である場合には、当該特定事由により当該家屋が居住の用に供されなくなる直前において当該被相続人以外に居住をしていた者がいなかつたこと）」（同項第3号）に該当すること
（※1）通知における特定事由と同じ。　（※2）通知における老人ホーム等入所中要件と同じ。

申請被相続人居住用家屋及び その敷地等（※3）の所在地 （敷地の所在地番）						
申請被相続人居住用家屋の建 築年月日（※4）	年　　月　　日	家屋の取壊し、 除却又は滅失の日 （※5）		年　　月　　日		
被相続人の氏名及び住所	（住所）					
	（氏名）			申請者から みた続柄		
相続開始日 （被相続人の死亡日）	年　　月　　日	譲渡日 （※6）		年　　月　　日		
申請被相続人居住用家屋又はそ の敷地等の取得をした他の相続 人の氏名及び住所 ※書ききれない場合は別紙	□家屋	（住所）				
	□敷地等	（氏名）				
	□家屋	（住所）				
	□敷地等	（氏名）				

（※3）申請被相続人居住用家屋及びその敷地等は、被相続人から相続又は遺贈（贈与者の死亡により効力を生ずる贈与を含む。）により相続人（包括受遺者を含む。以下同じ。）が取得をしたものに限る。
（※4）申請被相続人居住用家屋は、昭和56年5月31日以前に建築されたものに限る。
（※5）申請被相続人居住用家屋の閉鎖事項証明書に記載された取壊し等をした日（未登記の場合は解体工事の請負契約書等により確認した解体日等）を記載する。
（※6）申請被相続人居住用家屋の敷地等の譲渡は、相続開始日から起算して同日以後3年を経過する日の属する年の12月31日までの間にしたものに限る。

被 相 続 人 居 住 用 家 屋 等 確 認 書

上記について確認しました。

※市区町村記入欄

確 認 年 月 日	年　　　月　　　日
確認を行った市区町村長	印

【被相続人居住用家屋等確認書の交付のための提出書類の確認表】　　　　　　※市区町村記入欄

		確認欄
	当該家屋が「相続の時から取得し、除却又は滅失の時まで事業の用、貸付けの用又は居住の用に供されていたことがないこと」（租税特別措置法第35条第3項第2号イ）、当該敷地等が「相続の時から譲渡の時まで事業の用、貸付けの用又は居住の用に供されていたことがないこと」（同号ロ）及び「取壊し、除却又は滅失の時から譲渡の時まで建物又は構築物の敷地の用に供されていたことがないこと」（同号ハ）、当該家屋が「相続の開始の直前において当該相続又は遺贈に係る被相続人の居住の用（特定事由により当該相続の開始の直前において当該被相続人の居住の用に供されていなかつた場合（政令で定める要件を満たす場合に限る。）における対象従前居住の用を含む。）に供されていた家屋」（同条第4項柱書）及び「相続の開始の直前において被相続人以外に居住をしていた者がいなかつたこと（当該被相続人の当該居住の用に供されていた家屋が対象従前居住の用に供されていた家屋である場合には、当該特定事由により当該家屋が居住の用に供されなくなる直前において当該被相続人以外に居住をしていた者がいなかつたこと）」（同項第3号）の要件を満たしていることの確認に必要な書類の一覧	
①	被相続人の住民票の除票の写し（原則コピー不可） 　（被相続人が老人ホーム等に入所していた場合で、入所後別の老人ホーム等に転居していた場合は、当該被相続人の戸籍の附票の写し）	
②	申請被相続人居住用家屋の相続人の住民票の写し（原則コピー不可） 　（相続開始の直前（被相続人が老人ホーム等に入所していた場合は老人ホーム等入所の直前）から申請被相続人居住用家屋の「取壊し、除却又は滅失の時」までの住所がわかるもの） <small>※住民票の写しでは相続開始の直前（被相続人が老人ホーム等に入所していた場合は老人ホーム等入所の直前）の住所が確認できない場合（従前の住所を定めた日や転入日等の記載がない場合、2回以上移転している場合等）は、当該相続人の戸籍の附票の写し</small>	
③	申請被相続人居住用家屋の敷地等の「譲渡の時」を明らかにする書類として、申請被相続人居住用家屋の敷地等の売買契約書のコピー等 <small>※売買契約書は申請被相続人居住用家屋の取壊し、除却又は滅失後の申請被相続人居住用家屋の敷地等の譲渡に係るもの（申請被相続人居住用家屋の取壊し等を条件とするものを含む。）</small> <small>※売買契約書で申請被相続人居住用家屋の敷地等の引渡しがあった日が確認できない場合は登記事項証明書等（その譲渡の時期を確認できるもの）</small>	
④	申請被相続人居住用家屋の「取壊し、除却又は滅失の時」を明らかにする書類として、申請被相続人居住用家屋の閉鎖事項証明書（原則コピー不可） <small>※申請被相続人居住用家屋が未登記の場合は解体工事の請負契約書のコピー等（その取壊し等をした時期及び対象を確認できるもの）</small>	
⑤	申請被相続人居住用家屋が「相続の時から取壊し、除却又は滅失の時まで事業の用、貸付けの用又は居住の用に供されていたことがないこと」及び申請被相続人居住用家屋の敷地等が「相続の時から譲渡の時まで事業の用、貸付けの用又は居住の用に供されていたことがないこと」を証する書類として以下の（ⅰ）～（ⅲ）のいずれか（複数の書類が提出された場合には、当該複数の書類の全て）	
（ⅰ）	電気、水道又はガスの使用中止日（閉栓日、契約廃止日等）が確認できる書類 <small>※閉栓日、契約廃止日等は相続開始日以降のもの</small>	
（ⅱ）	申請被相続人居住用家屋と当該家屋の媒介契約を締結した宅地建物取引業者が、当該家屋の現況が空き家であり、かつ、当該空き家は除却又は取壊しの予定があることを表示して広告していることを証する書面（コピー可。宅地建物取引業者による広告が行われたものに限る。）	
（ⅲ）	所在市区町村が、申請被相続人居住用家屋が「相続の時から取壊し、除却又は滅失の時まで事業の用、貸付けの用又は居住の用に供されていたことがないこと」及び申請被相続人居住用家屋の敷地等が「相続の時から譲渡の時まで事業の用、貸付けの用又は居住の用に供されていたことがないこと」の要件を満たしていることを容易に認めることができるような書類	
	例	（ア）所在市区町村が認める者が申請被相続人居住用家屋の敷地等の譲渡の時までに管理を行っていることの証明書	
		（イ）申請者が所在市区町村又は所在市区町村が認める者に対して申請被相続人居住用家屋又は敷地等が空き家又は空き地である旨の登録を行っていることの証明書	
	その他上記以外の書類（　　　　　　　　　　　　　　　　　　　　）	
⑥	申請被相続人居住用家屋の取壊し、除却又は滅失の時から譲渡の時まで建物又は構築物の敷地の用に供されていたことがないことを明らかにする書類として、申請被相続人居住用家屋の敷地等の使用状況が分かる写真（その撮影日が記載されたもの）等	

（次ページに続く）

⑦	被相続人が老人ホーム等に入所していた場合には、以下の（ⅰ）～（ⅲ）の全ての書類	
（ⅰ）	介護保険の被保険者証のコピーや障害者の日常生活及び社会生活を総合的に支援するための法律第22条第8項に規定する障害福祉サービス受給者証のコピー等（※）、被相続人が介護保険法第19条第1項に規定する要介護認定、同条第2項に規定する要支援認定を受けていたこと若しくは介護保険法施行規則第140条の62の4第2号に該当していたこと又は障害者の日常生活及び社会生活を総合的に支援するための法律第21条第1項に規定する障害支援区分の認定を受けていたことを明らかにする書類 ※その他要介護認定等の決定通知書、市区町村作成の要介護認定等を受けたことを証する書類、要介護認定等に関する情報を含む老人ホーム等の記録等でも可とする。	
（ⅱ）	施設への入所時における契約書のコピー等、被相続人が相続開始の直前において入居又は入所していた住居又は施設の名称及び所在地並びにその住居又は施設が次のいずれに該当するかを明らかにする書類 （ア）老人福祉法第5条の2第6項に規定する認知症対応型老人共同生活援助事業が行われる住居、同法第20条の4に規定する養護老人ホーム、同法第20条の5に規定する特別養護老人ホーム、同法第20条の6に規定する軽費老人ホーム又は同法第29条第1項に規定する有料老人ホーム （イ）介護保険法第8条第28項に規定する介護老人保健施設又は同条第29項に規定する介護医療院 （ウ）高齢者の居住の安定確保に関する法律第5条第1項に規定するサービス付き高齢者向け住宅（（ア）の有料老人ホームを除く。） （エ）障害者の日常生活及び社会生活を総合的に支援するための法律第5条第11項に規定する障害者支援施設（同条第10項に規定する施設入所支援が行われるものに限る。）又は同条第17項に規定する共同生活援助を行う住居	
（ⅲ）	被相続人の老人ホーム等入所後から相続開始の直前まで、被相続人が申請被相続人居住用家屋を一定使用し、かつ、事業の用、貸付けの用又は被相続人以外の居住の用に供されていないことを証する書類として以下のいずれか（複数の書類が提出された場合には、当該複数の書類の全て） （ア）電気、水道又はガスの契約名義（支払人）及び使用中止日（閉栓日、契約廃止日等）が確認できる書類 ※閉栓日、契約廃止日等は相続開始日以降のもの （イ）申請被相続人居住用家屋への外出、外泊等の記録（老人ホーム等が保有するもの）のコピー等 （ウ）その他要件を満たしていることを認めることができるような書類（※7） （　　　　　　　　　　　　　　　　　　　　　　　　　　　　　　　）	
備考	（例：空家等対策の推進に関する特別措置法第11条に基づく空家等に関するデータベースから確認できた内容、上記書類によって確認ができなかった場合（該当する確認欄に「※」を記載すること。）において代替書類・補完書類及びヒアリング内容・申請者の申立てにより確認できた内容　等）	

（※7）申請被相続人居住用家屋宛に配達された被相続人宛の郵便物等。また、電気、水道又はガスの使用中止日を確認できる書類の提出があったが当該書類で契約名義（支払人）が明確とならなかった場合（すなわち、家屋の一定使用は認められるが、事業の用等に供されていないことが確認できない場合）の書類として、市区町村が認める者が家屋の管理を行っていたことの証明書、不動産所得がないことを確認するための地方税の所得証明書等。

（用紙　日本産業規格　Ａ４）

┌─ **問69　被相続人居住用家屋の登記が未登記だった場合** ─┐

　甲は、令和4年12月に亡くなり、甲が1人で住んでいた居住用家屋及びその敷地を長男乙が相続しました。乙は、その後、家屋を取り壊し令和5年10月にその敷地を8,000万円で譲渡しました。

　乙はこの譲渡について、空き家特例の適用を考えていますが、取り壊した家屋は未登記であったため、登記事項証明書では①家屋を相続により取得していること、②家屋が昭和56年5月31日以前に建築されていること、③家屋が区分所有建物でないことの証明ができません。

　このようなケースの場合、どのように手続を行ったらよいでしょうか。

└────────────────────────────┘

答　ご質問のように、建物が未登記であったため登記事項証明書では被相続人居住用家屋の要件の証明ができませんが、代わりに次の書類を添付することにより本特例の適用が認められます。

①	遺産分割協議書、遺言などの写し
②	昭和56年5月31日以前に交付された確認済証若しくは検査済証又は建物請負契約書の写し
③	固定資産課税台帳の写し

解説　本特例の適用を受ける場合には、その適用を受けようとする者の対象譲渡をした日の属する年分の確定申告書に、一定の書類を添付することとされており、そのうち、譲渡した資産が、措置法第35条第3項に規定する被相続人居住用家屋又はその敷地等の要件（措置法規則第18条の2第2項第二号イ(2)(ⅰ)～(ⅲ)までに掲げる事項に限ります。次の①～③の要件）に該当することについては、被相続人居住用家屋及び被相続人居住用

家屋の敷地等の登記事項証明書その他の書類で要件に該当していることを明らかにするものを添付することとされています。

① 対象譲渡をした者が被相続人居住用家屋及び被相続人居住用家屋の敷地等を被相続人から相続又は遺贈により取得したこと。

② 被相続人居住用家屋が昭和56年５月31日以前に建築されたこと。

③ 被相続人居住用家屋が建物の区分所有等に関する法律第１条の規定に該当する建物でないこと。

ご質問のケースのように建物が未登記であるため、登記事項証明書では前記①〜③の要件を証明できない場合（未登記である場合や相続登記前に家屋を取壊した場合など）には、その他の書類でこれらの要件を満たしていることを明らかにする書類を確定申告書に添付した場合には本特例の適用の適用が認められることになります。

(参考)

令和元年12月16日に施行された「情報通信技術の活用による行政手続等に係る関係者の利便性の向上並びに行政運営の簡素化及び効率化を図るための行政手続等における情報通信の技術の利用に関する法律等の一部を改正する法律」（令和元年法律第16号）により、行政機関等は、添付書類の省略等を推進することとされているところ、国税関係手続のうち、法令により登記事項証明書を添付することが規定されている手続については、申請者が申請書への記載等により土地の地番や不動産番号など一定の事項を税務署等に提供する場合、令和３年７月１日より、登記事項証明書の添付を省略することが可能とされた。譲渡所得の特例の適用を受けるために必要な書類のうち、登記事項証明書については、その登記事項証明書に代えて「譲渡所得の特例の適用を受ける場合の不動産に係る不動産番号等の明細書」等を提出することにより、登記事項証明書の添付を省略することもできる。

参考法令等

―目　　　次―

第六款　居住用財産の譲渡所得の特別控除

租税特別措置法第35条

第35条　個人の有する資産が、居住用財産を譲渡した場合に該当することとなった場合には、その年中にその該当することとなった全部の資産の譲渡に対する第31条又は第32条の規定の適用については、次に定めるところによる。

一　第31条第1項中「長期譲渡所得の金額（」とあるのは、「長期譲渡所得の金額から3,000万円（長期譲渡所得の金額のうち第35条第1項の規定に該当する資産の譲渡に係る部分の金額が3,000万円に満たない場合には当該資産の譲渡に係る部分の金額とし、同項第二号の規定により読み替えられた第32条第1項の規定の適用を受ける場合には3,000万円から同項の規定により控除される金額を控除した金額と当該資産の譲渡に係る部分の金額とのいずれか低い金額とする。）を控除した金額（」とする。

二　第32条第1項中「短期譲渡所得の金額（」とあるのは、「短期譲渡所得の金額から3,000万円（短期譲渡所得の金額のうち第35条第1項の規定に該当する資産の譲渡に係る部分の金額が3,000万円に満たない場合には、当該資産の譲渡に係る部分の金額）を控除した金額（」とする。

2　前項に規定する居住用財産を譲渡した場合とは、次に掲げる場合（当該個人がその年の前年又は前々年において既に同項（次項の規定により適用する場合を除く。）又は第36条の2、第36条の5、第41条の5若しくは第41条の5の2の規定の適用を受けている場合を除く。）をいう。

一　その居住の用に供している家屋で政令で定めるもの（以下この項に

おいて「居住用家屋」という。）の譲渡（当該個人の配偶者その他の
当該個人と政令で定める特別の関係がある者に対してするもの及び所
得税法第58条の規定又は第33条から第33条の４まで、第37条、第37条
の４若しくは第37条の８の規定の適用を受けるものを除く。以下この
項及び次項において同じ。）又は居住用家屋とともにするその敷地の
用に供されている土地若しくは当該土地の上に存する権利の譲渡（譲
渡所得の基因となる不動産等の貸付けを含む。以下この項及び次項に
おいて同じ。）をした場合

二　災害により滅失した居住用家屋の敷地の用に供されていた土地若し
　くは当該土地の上に存する権利の譲渡又は居住用家屋で当該個人の居
　住の用に供されなくなったものの譲渡若しくは居住用家屋で当該個人
　の居住の用に供されなくなったものとともにするその敷地の用に供さ
　れている土地若しくは当該土地の上に存する権利の譲渡を、これらの
　居住用家屋が当該個人の居住の用に供されなくなった日から同日以後
　３年を経過する日の属する年の12月31日までの間にした場合

3　相続又は遺贈（贈与者の死亡により効力を生ずる贈与を含む。以下第
　５項までにおいて同じ。）による被相続人居住用家屋及び被相続人居住
　用家屋の敷地等の取得をした相続人（包括受遺者を含む。以下この項に
　おいて同じ。）が、平成28年４月１日から令和５年12月31日までの間に、
　次に掲げる譲渡（当該相続の開始があつた日から同日以後３年を経過す
　る日の属する年の12月31日までの間にしたものに限るものとし、第39条
　の規定の適用を受けるもの及びその譲渡の対価の額が１億円を超えるも
　のを除く。以下この条において「対象譲渡」という。）をした場合（当
　該相続人が既に当該相続又は遺贈に係る当該被相続人居住用家屋又は当
　該被相続人居住用家屋の敷地等の対象譲渡についてこの項の規定の適用
　を受けている場合を除く。）には、第１項に規定する居住用財産を譲渡

した場合に該当するものとみなして、同項の規定を適用する。

一　当該相続若しくは遺贈により取得をした被相続人居住用家屋（当該相続の時後に当該被相続人居住用家屋につき行われた増築、改築（当該被相続人居住用家屋の全部の取壊し又は除却をした後にするもの及びその全部が滅失をした後にするものを除く。）、修繕又は模様替に係る部分を含むものとし、次に掲げる要件を満たすものに限る。以下この号において同じ。）の政令で定める部分の譲渡又は当該被相続人居住用家屋とともにする当該相続若しくは遺贈により取得をした被相続人居住用家屋の敷地等（イに掲げる要件を満たすものに限る。）の政令で定める部分の譲渡

　イ　当該相続の時から当該譲渡の時まで事業の用、貸付けの用又は居住の用に供されていたことがないこと。

　ロ　当該譲渡の時において地震に対する安全性に係る規定又は基準として政令で定めるものに適合するものであること。

二　当該相続又は遺贈により取得をした被相続人居住用家屋（イに掲げる要件を満たすものに限る。）の全部の取壊し若しくは除却をした後又はその全部が滅失をした後における当該相続又は遺贈により取得をした被相続人居住用家屋の敷地等（ロ及びハに掲げる要件を満たすものに限る。）の政令で定める部分の譲渡

　イ　当該相続の時から当該取壊し、除却又は滅失の時まで事業の用、貸付けの用又は居住の用に供されていたことがないこと。

　ロ　当該相続の時から当該譲渡の時まで事業の用、貸付けの用又は居住の用に供されていたことがないこと。

　ハ　当該取壊し、除却又は滅失の時から当該譲渡の時まで建物又は構築物の敷地の用に供されていたことがないこと。

4　前項及び次項に規定する被相続人居住用家屋とは、当該相続の開始の

直前において当該相続又は遺贈に係る被相続人（包括遺贈者を含む。以下この項及び次項において同じ。）の居住の用（居住の用に供することができない事由として政令で定める事由（以下この項及び次項において「特定事由」という。）により当該相続の開始の直前において当該被相続人の居住の用に供されていなかつた場合（政令で定める要件を満たす場合に限る。）における当該特定事由により居住の用に供されなくなる直前の当該被相続人の居住の用（第三号において「対象従前居住の用」という。）を含む。）に供されていた家屋（次に掲げる要件を満たすものに限る。）で政令で定めるものをいい、前項及び次項に規定する被相続人居住用家屋の敷地等とは、当該相続の開始の直前において当該被相続人居住用家屋の敷地の用に供されていた土地として政令で定めるもの又は当該土地の上に存する権利をいう。

一　昭和56年５月31日以前に建築されたこと。

二　建物の区分所有等に関する法律第１条の規定に該当する建物でないこと。

三　当該相続の開始の直前において当該被相続人以外に居住をしていた者がいなかつたこと（当該被相続人の当該居住の用に供されていた家屋が対象従前居住の用に供されていた家屋である場合には、当該特定事由により当該家屋が居住の用に供されなくなる直前において当該被相続人以外に居住をしていた者がいなかつたこと。）。

5　第３項の規定は、当該相続又は遺贈による被相続人居住用家屋又は被相続人居住用家屋の敷地等の取得をした相続人（包括受遺者を含む。次項から第八項までにおいて「居住用家屋取得相続人」という。）が、当該相続の時から第３項の規定の適用を受ける者の対象譲渡をした日の属する年の12月31日までの間に、当該対象譲渡をした資産と当該相続の開始の直前において一体として当該被相続人の居住の用（特定事由により

当該被相続人居住用家屋が当該相続の開始の直前において当該被相続人
の居住の用に供されていなかつた場合（前項に規定する政令で定める要
件を満たす場合に限る。）には、政令で定める用途）に供されていた家
屋（当該相続の時後に当該家屋につき行われた増築、改築（当該家屋の
全部の取壊し又は除却をした後にするもの及びその全部が滅失をした後
にするものを除く。）、修繕又は模様替に係る部分を含む。）で政令で定
めるもの又は当該家屋の敷地の用に供されていた土地として政令で定め
るもの若しくは当該土地の上に存する権利（次項において「対象譲渡資
産一体家屋等」という。）の譲渡（譲渡所得の基因となる不動産等の貸
付けを含み、第33条の４第１項に規定する収用交換等による譲渡その他
の政令で定める譲渡（次項において「収用交換等による譲渡」という。）
を除く。以下この条において「適用前譲渡」という。）をしている場合
において、当該適用前譲渡に係る対価の額と当該対象譲渡に係る対価の
額との合計額が１億円を超えることとなるときは、適用しない。

6　第３項の規定は、居住用家屋取得相続人が、同項の規定の適用を受け
る者の対象譲渡をした日の属する年の翌年１月１日から当該対象譲渡を
した日以後３年を経過する日の属する年の12月31日までの間に、対象譲
渡資産一体家屋等の譲渡（譲渡所得の基因となる不動産等の貸付けを含
み、収用交換等による譲渡を除く。以下この条において「適用後譲渡」
という。）をした場合において、当該適用後譲渡に係る対価の額と当該
対象譲渡に係る対価の額（適用前譲渡がある場合には、前項の合計額）
との合計額が１億円を超えることとなったときは、適用しない。

7　第３項の規定の適用を受けようとする者は、他の居住用家屋取得相続
人に対し、対象譲渡をした旨、対象譲渡をした日その他参考となるべき
事項の通知をしなければならない。この場合において、当該通知を受け
た居住用家屋取得相続人で適用前譲渡をしている者は当該通知を受けた

後遅滞なく、当該通知を受けた居住用家屋取得相続人で適用後譲渡をした者は当該適用後譲渡をした後遅滞なく、それぞれ、当該通知をした者に対し、その譲渡をした旨、その譲渡をした日、その譲渡の対価の額その他参考となるべき事項の通知をしなければならない。

8　対象譲渡につき第3項の規定の適用を受けている者は、第6項の規定に該当することとなった場合には、居住用家屋取得相続人がその該当することとなった適用後譲渡をした日から4月を経過する日までに当該対象譲渡をした日の属する年分の所得税についての修正申告書を提出し、かつ、当該期限内に当該申告書の提出により納付すべき税額を納付しなければならない。

9　前項の規定に該当する場合において、修正申告書の提出がないときは、納税地の所轄税務署長は、当該申告書に記載すべきであつた所得金額、所得税の額その他の事項につき国税通則法第24条又は第26条の規定による更正を行う。

10　第33条の5第3項の規定は、第8項の規定による修正申告書及び前項の更正について準用する。この場合において、同条第3項第一号及び第二号中「第1項に規定する提出期限」とあるのは「第35条第8項に規定する提出期限」と、同号中「第33条の5第1項」とあるのは「第35条第8項」と読み替えるものとする。

11　第1項の規定は、その適用を受けようとする者の同項に規定する資産の譲渡をした日の属する年分の確定申告書に、同項の規定の適用を受けようとする旨その他の財務省令で定める事項の記載があり、かつ、当該譲渡による譲渡所得の金額の計算に関する明細書その他の財務省令で定める書類の添付がある場合に限り、適用する。

12　税務署長は、確定申告書の提出がなかつた場合又は前項の記載若しくは添付がない確定申告書の提出があつた場合においても、その提出又は

記載若しくは添付がなかつたことについてやむを得ない事情があると認めるときは、当該記載をした書類及び同項の財務省令で定める書類の提出があつた場合に限り、第1項の規定を適用することができる。

13　第4項から前項までに定めるもののほか、適用前譲渡及び適用後譲渡の対価の額の算定の方法その他第1項から第3項までの規定の適用に関し必要な事項は、政令で定める。

租税特別措置法施行令第23条

（居住用財産の譲渡所得の特別控除）

第23条　第20条の３第２項の規定は、法第35条第２項第一号に規定する政令で定める家屋について準用する。

2　法第35条第２項第一号に規定する当該個人と政令で定める特別の関係がある者は、第20条の３第１項各号に掲げる者とする。

3　法第35条第３項第一号に規定する被相続人居住用家屋の政令で定める部分は、同号に規定する被相続人居住用家屋の譲渡の対価の額に、次の各号に掲げる被相続人居住用家屋（同条第４項に規定する被相続人居住用家屋をいう。以下この項、次項及び第７項において同じ。）の区分に応じ当該各号に定める割合を乗じて計算した金額に相当する部分とする。

一　法第35条第４項の相続の開始の直前において同項に規定する被相続人（以下この条において「被相続人」という。）の居住の用に供されていた被相続人居住用家屋　当該相続の開始の直前における被相続人居住用家屋の床面積のうちに当該相続の開始の直前における当該被相続人の居住の用に供されていた部分の床面積の占める割合

二　法第35条第４項に規定する対象従前居住の用（第８項及び第９項において「対象従前居住の用」という。）に供されていた被相続人居住用家屋　同条第４項に規定する特定事由（以下この条において「特定事由」という。）により被相続人居住用家屋が被相続人の居住の用に供されなくなる直前における当該被相続人居住用家屋の床面積のうちに当該居住の用に供されなくなる直前における当該被相続人の居住の用に供されていた部分の床面積の占める割合

4　法第35条第３項各号に規定する被相続人居住用家屋の敷地等の政令

で定める部分は、当該各号に規定する被相続人居住用家屋の敷地等の譲渡の対価の額に、次の各号に掲げる被相続人居住用家屋の敷地等（同条第4項に規定する被相続人居住用家屋の敷地等をいう。以下この項において同じ。）の区分に応じ当該各号に定める割合を乗じて計算した金額に相当する部分とする。

一　前項第一号に掲げる被相続人居住用家屋の敷地の用に供されていた被相続人居住用家屋の敷地等　法第35条第4項の相続の開始の直前における被相続人居住用家屋の敷地等の面積（土地にあつては当該土地の面積をいい、土地の上に存する権利にあつては当該土地の面積をいう。以下この号及び次号において同じ。）のうちに当該相続の開始の直前における被相続人の居住の用に供されていた部分の面積の占める割合

二　前項第二号に掲げる被相続人居住用家屋の敷地の用に供されていた被相続人居住用家屋の敷地等　特定事由により当該被相続人居住用家屋が被相続人の居住の用に供されなくなる直前における被相続人居住用家屋の敷地等の面積のうちに当該居住の用に供されなくなる直前における当該被相続人の居住の用に供されていた部分の面積の占める割合

5　法第35条第3項第一号ロに規定する地震に対する安全性に係る規定又は基準として政令で定めるものは、建築基準法施行令第3章及び第5章の4の規定又は国土交通大臣が財務大臣と協議して定める地震に対する安全性に係る基準とする。

6　法第35条第4項に規定する政令で定める事由は、次に掲げる事由とする。

一　介護保険法（平成9年法律第123号）第19条第1項に規定する要介護認定又は同条第2項に規定する要支援認定を受けていた被相続

人その他これに類する被相続人として財務省令で定めるものが次に
掲げる住居又は施設に入居又は入所をしていたこと。

　イ　老人福祉法（昭和38年法律第133号）第５条の２第６項に規定
　　する認知症対応型老人共同生活援助事業が行われる住居、同法第
　　20条の４に規定する養護老人ホーム、同法第20条の５に規定する
　　特別養護老人ホーム、同法第20条の６に規定する軽費老人ホーム
　　又は同法第29条第１項に規定する有料老人ホーム

　ロ　介護保険法第８条第28項に規定する介護老人保健施設又は同条
　　第29項に規定する介護医療院

　ハ　高齢者の居住の安定確保に関する法律（平成13年法律第26号）
　　第５条第１項に規定するサービス付き高齢者向け住宅（イに規定
　　する有料老人ホームを除く。）

二　障害者の日常生活及び社会生活を総合的に支援するための法律
　（平成17年法律第123号）第21条第１項に規定する障害支援区分の認
　定を受けていた被相続人が同法第５条第11項に規定する障害者支援
　施設（同条第10項に規定する施設入所支援が行われるものに限る。）
　又は同条第17項に規定する共同生活援助を行う住居に入所又は入居
　をしていたこと。

7　法第35条第４項に規定する政令で定める要件は、次に掲げる要件と
する。

一　特定事由により被相続人居住用家屋が被相続人の居住の用に供さ
　れなくなつた時から法第35条第４項の相続の開始の直前まで引き続
　き当該被相続人居住用家屋が当該被相続人の物品の保管その他の用
　に供されていたこと。

二　特定事由により被相続人居住用家屋が被相続人の居住の用に供さ
　れなくなつた時から法第35条第４項の相続の開始の直前まで当該被

相続人居住用家屋が事業の用、貸付けの用又は当該被相続人以外の者の居住の用に供されていたことがないこと。

三　被相続人が前項各号に規定する住居又は施設に入居又は入所をした時から法第35条第4項の相続の開始の直前までの間において当該被相続人の居住の用に供する家屋が2以上ある場合には、これらの家屋のうち、当該住居又は施設が、当該被相続人が主としてその居住の用に供していた一の家屋に該当するものであること。

8　法第35条第4項に規定する政令で定める家屋は、同項の相続の開始の直前（当該家屋が対象従前居住の用に供されていた家屋である場合には、特定事由により当該家屋が被相続人の居住の用に供されなくなる直前）において、被相続人の居住の用に供されていた同項各号に掲げる要件を満たす家屋であつて、当該被相続人が主としてその居住の用に供していたと認められる一の建築物に限るものとする。

9　法第35条第4項に規定する政令で定める土地は、同項の相続の開始の直前（当該土地が対象従前居住の用に供されていた前項に規定する家屋の敷地の用に供されていた土地である場合には、特定事由により当該家屋が被相続人の居住の用に供されなくなる直前。以下この項において同じ。）において前項に規定する家屋の敷地の用に供されていたと認められるものとする。この場合において、当該相続の開始の直前において当該土地が用途上不可分の関係にある2以上の建築物のある一団の土地であつた場合には、当該土地のうち、当該土地の面積に次に掲げる床面積の合計のうちに第一号に掲げる床面積の占める割合を乗じて計算した面積に係る土地の部分に限るものとする。

一　当該相続の開始の直前における当該土地にあつた前項に規定する家屋の床面積

二　当該相続の開始の直前における当該土地にあつた前項に規定する

　　家屋以外の建築物の床面積

10　法第35条第5項に規定する政令で定める用途は、第7項第一号に規定する用途とする。

11　第8項及び第9項の規定は、法第35条第5項に規定する政令で定める家屋及び同項に規定する政令で定める土地について準用する。この場合において、第8項中「（当該家屋が対象従前居住の用に供されていた家屋である場合には、特定事由により当該家屋が被相続人の居住の用に供されなくなる直前）において、」とあるのは「において」と、「居住の用に供されていた同項各号」とあるのは「居住の用（当該家屋が特定事由により当該相続の開始の直前において当該被相続人の居住の用に供されていなかつた場合（前項各号に掲げる要件を満たす場合に限る。）には、同項第一号に規定する用途）に供されていた同条第4項各号」と、「あつて、」とあるのは「あつて、当該相続の開始の直前（当該家屋が対象従前居住の用に供されていた家屋である場合には、特定事由により当該家屋が当該被相続人の居住の用に供されなくなる直前）において」と、第9項中「直前（当該土地が対象従前居住の用に供されていた前項に規定する家屋の敷地の用に供されていた土地である場合には、特定事由により当該家屋が被相続人の居住の用に供されなくなる直前。以下この項において同じ。）」とあるのは「直前」と読み替えるものとする。

12　法第35条第5項に規定する政令で定める譲渡は、第24条の2第8項各号に掲げる譲渡とする。

13　法第35条第5項に規定する居住用家屋取得相続人が、同項に規定する適用前譲渡又は同条第6項に規定する適用後譲渡をした場合において、当該適用前譲渡又は適用後譲渡が贈与（著しく低い価額の対価による譲渡として財務省令で定めるものを含む。以下この項において同

じ。）によるものである場合における同条第5項及び第6項の規定の適用については、当該贈与の時における価額に相当する金額をもつてこれらの規定に規定する適用前譲渡及び適用後譲渡に係る対価の額とする。

14　国土交通大臣は、第5項の規定により基準を定めたときは、これを告示する。

租税特別措置法施行規則第18条の２

（居住用財産の譲渡所得の特別控除）

第18条の２　法第35条第11項に規定する財務省令で定める事項は、次の各号に掲げる場合の区分に応じ当該各号に定める事項とする。

一　法第35条第２項各号のいずれかの場合に該当するものとして同条第１項の規定の適用を受ける場合　次に掲げる事項

　イ　法第35条第２項各号のいずれかの場合に該当するものとして同条第１項の規定の適用を受けようとする旨

　ロ　法第35条第２項各号のいずれかの場合に該当する事実

二　法第35条第３項の規定により同条第１項の規定の適用を受ける場合　次に掲げる事項

　イ　法第35条第３項の規定により同条第１項の規定の適用を受けようとする旨

　ロ　法第35条第３項に規定する対象譲渡（次項第二号において「対象譲渡」という。）に該当する事実

　ハ　法第35条第３項に規定する相続又は遺贈（以下この号及び次項第二号イ⑵において「相続等」という。）に係る同条第４項に規定する被相続人の氏名及び死亡の時における住所並びに死亡年月日

　ニ　当該相続等に係る他の居住用家屋取得相続人（法第35条第５項に規定する居住用家屋取得相続人をいう。ホにおいて同じ。）がある場合には、その者の氏名及び住所並びにその者の当該相続の開始の時における同項の被相続人居住用家屋又は被相続人居住用家屋の敷地等の持分の割合

　ホ　当該相続等に係る適用前譲渡（法第35条第５項に規定する適用前譲渡をいう。ホ、次項第二号イ⑸及び第４項において同じ。）があ

233

る場合には、当該適用前譲渡をした居住用家屋取得相続人の氏名並びにその者が行つた当該適用前譲渡の年月日及び当該適用前譲渡に係る対価の額

　ヘ　その他参考となるべき事項

2　法第35条第11項に規定する財務省令で定める書類は、次の各号に掲げる場合の区分に応じ当該各号に定める書類とする。

一　前項第一号に掲げる場合　次に掲げる書類

　イ　法第35条第1項に規定する資産の譲渡による譲渡所得の金額の計算に関する明細書

　ロ　イの譲渡に係る契約を締結した日の前日において当該譲渡をした者の住民票に記載されていた住所と当該譲渡をしたイの資産の所在地とが異なる場合その他これに類する場合には、戸籍の附票の写し、消除された戸籍の附票の写しその他これらに類する書類で前項第一号ロに掲げる事項を明らかにするもの

二　前項第二号に掲げる場合　次に掲げる場合の区分に応じそれぞれ次に定める書類

　イ　対象譲渡が法第35条第3項第一号に掲げる譲渡である場合　次に掲げる書類

　⑴　当該対象譲渡による譲渡所得の金額の計算に関する明細書

　⑵　法第35条第3項の被相続人居住用家屋及び被相続人居住用家屋の敷地等の登記事項証明書その他の書類で次に掲げる事項を明らかにするもの

　（i）　当該対象譲渡をした者が当該被相続人居住用家屋及び当該被相続人居住用家屋の敷地等を前項第二号ハの被相続人（以下この号及び次項において「被相続人」という。）から相続等により取得したこと。

(ii)　当該被相続人居住用家屋が昭和56年5月31日以前に建築されたこと。

(iii)　当該被相続人居住用家屋が建物の区分所有等に関する法律第1条の規定に該当する建物でないこと。

(3)　当該対象譲渡をした被相続人居住用家屋（法第35条第3項第一号に規定する被相続人居住用家屋をいう。(3)から(5)までにおいて同じ。）又は被相続人居住用家屋及び被相続人居住用家屋の敷地等（同号に規定する被相続人居住用家屋の敷地等をいう。(3)及び(5)において同じ。）の所在地の市町村長又は特別区の区長の次に掲げる事項（同条第4項に規定する居住の用が同項に規定する対象従前居住の用（以下この号において「対象従前居住の用」という。）以外の居住の用である場合には、(i)及び(ii)に掲げる事項）を確認した旨を記載した書類

(i)　法第35条第4項の相続の開始の直前（その被相続人居住用家屋が対象従前居住の用に供されていた被相続人居住用家屋である場合には、同項に規定する特定事由（以下この号及び次項において「特定事由」という。）により当該被相続人居住用家屋が被相続人の居住の用に供されなくなる直前。ロ(3)(i)において同じ。）において、被相続人がその被相続人居住用家屋を居住の用に供しており、かつ、当該被相続人居住用家屋に当該被相続人以外に居住をしていた者がいなかつたこと。

(ii)　当該被相続人居住用家屋又は当該被相続人居住用家屋及び被相続人居住用家屋の敷地等が当該相続の時から当該対象譲渡の時まで事業の用、貸付けの用又は居住の用に供されていたことがないこと。

(iii)　その被相続人居住用家屋が特定事由により法第35条第4項の

相続の開始の直前において被相続人の居住の用に供されていな
かつたこと。

(iv)　特定事由により被相続人居住用家屋が被相続人の居住の用に
供されなくなつた時から法第35条第4項の相続の開始の直前ま
で引き続き当該被相続人居住用家屋が当該被相続人の物品の保
管その他の用に供されていたこと。

(v)　特定事由により被相続人居住用家屋が被相続人の居住の用に
供されなくなつた時から法第35条第4項の相続の開始の直前ま
で当該被相続人居住用家屋が事業の用、貸付けの用又は当該被
相続人以外の者の居住の用に供されていたことがないこと。

(vi)　被相続人が施行令第23条第6項各号に規定する住居又は施設
に入居又は入所をした時から法第35条第4項の相続の開始の直
前までの間において当該被相続人の居住の用に供する家屋が2
以上ある場合には、これらの家屋のうち、当該住居又は施設が、
当該被相続人が主としてその居住の用に供していた一の家屋に
該当するものであること。

(4)　当該対象譲渡をした被相続人居住用家屋が国土交通大臣が財務
大臣と協議して定める法第35条第3項第一号ロに規定する地震に
対する安全性に係る規定又は基準に適合する家屋である旨を証す
る書類

(5)　当該対象譲渡をした被相続人居住用家屋又は被相続人居住用家
屋及び被相続人居住用家屋の敷地等に係る売買契約書の写しその
他の書類で、当該被相続人居住用家屋又は当該被相続人居住用家
屋及び被相続人居住用家屋の敷地等の譲渡に係る対価の額が一億
円（当該対象譲渡に係る適用前譲渡がある場合には、一億円から
当該適用前譲渡に係る対価の額の合計額を控除した残額。ロ(4)に

おいて同じ。）以下であることを明らかにする書類

ロ　対象譲渡が法第35条第３項第二号に掲げる譲渡である場合　次に掲げる書類

(1)　当該対象譲渡による譲渡所得の金額の計算に関する明細書

(2)　イ(2)に掲げる書類

(3)　当該対象譲渡をした被相続人居住用家屋の敷地等（法第35条第３項第二号に規定する被相続人居住用家屋の敷地等をいう。(3)及び(4)において同じ。）の所在地の市町村長又は特別区の区長の次に掲げる事項（同条第４項に規定する居住の用が対象従前居住の用以外の居住の用である場合には、(i)から(iv)までに掲げる事項）を確認した旨を記載した書類

　(i)　法第35条第４項の相続の開始の直前において、被相続人がその被相続人居住用家屋の敷地等に係る被相続人居住用家屋（同条第３項第二号に規定する被相続人居住用家屋をいう。(3)において同じ。）を居住の用に供しており、かつ、当該被相続人居住用家屋に当該被相続人以外に居住をしていた者がいなかつたこと。

　(ii)　当該被相続人居住用家屋の敷地等に係る被相続人居住用家屋が当該相続の時からその全部の取壊し、除却又は滅失の時まで事業の用、貸付けの用又は居住の用に供されていたことがないこと。

　(iii)　当該被相続人居住用家屋の敷地等が当該相続の時から当該対象譲渡の時まで事業の用、貸付けの用又は居住の用に供されていたことがないこと。

　(iv)　当該被相続人居住用家屋の敷地等が(ii)の取壊し、除却又は滅失の時から当該対象譲渡の時まで建物又は構築物の敷地の用に

供されていたことがないこと。

(v)　その被相続人居住用家屋の敷地等に係る被相続人居住用家屋が特定事由により法第35条第4項の相続の開始の直前において被相続人の居住の用に供されていなかつたこと。

(vi)　特定事由によりその被相続人居住用家屋の敷地等に係る被相続人居住用家屋が被相続人の居住の用に供されなくなつた時から法第35条第4項の相続の開始の直前まで引き続き当該被相続人居住用家屋が当該被相続人の物品の保管その他の用に供されていたこと。

(vii)　特定事由によりその被相続人居住用家屋の敷地等に係る被相続人居住用家屋が被相続人の居住の用に供されなくなつた時から法第35条第4項の相続の開始の直前まで当該被相続人居住用家屋が事業の用、貸付けの用又は当該被相続人以外の者の居住の用に供されていたことがないこと。

(viii)　被相続人が施行令第23条第6項各号に規定する住居又は施設に入居又は入所をした時から法第35条第4項の相続の開始の直前までの間において当該被相続人の居住の用に供する家屋が2以上ある場合には、これらの家屋のうち、当該住居又は施設が、当該被相続人が主としてその居住の用に供していた一の家屋に該当するものであること。

(4)　当該対象譲渡をした被相続人居住用家屋の敷地等に係る売買契約書の写しその他の書類で、当該被相続人居住用家屋の敷地等の譲渡に係る対価の額が1億円以下であることを明らかにする書類

3　施行令第23条第6項第一号に規定する財務省令で定める被相続人は、特定事由により法第35条第4項に規定する被相続人居住用家屋が被相続人の居住の用に供されなくなる直前において、介護保険法施行規則（平

成11年厚生省令第36号）第140条の62の４第二号に該当していた者とする。

4　施行令第23条第13項に規定する財務省令で定める譲渡は、法第35条第５項又は第６項に規定する対象譲渡資産一体家屋等の適用前譲渡又は同項に規定する適用後譲渡に係る対価の額が、当該対象譲渡資産一体家屋等の当該適用前譲渡又は適用後譲渡の時における価額の２分の１に満たない金額である場合の当該適用前譲渡又は適用後譲渡とする。

租税特別措置法（山林所得・譲渡所得関係）の
取扱いについて（通達）

〔被相続人の居住用財産の譲渡（第3項関係）〕

（同一年中に自己の居住用財産と被相続人の居住用財産の譲渡があった場合の特別控除の適用）

35-7　措置法第35条第3項に規定する相続人（以下35-23までにおいて「相続人」という。）が、同一年中に同条第2項各号に規定する譲渡及び同条第3項に規定する対象譲渡（以下35-25までにおいて「対象譲渡」という。）をし、そのいずれの譲渡についても同条第1項の規定の適用を受ける場合は36-1に定める順序により特別控除額の控除をすることとなるのであるが、これらの譲渡に係る分離短期譲渡所得又は分離長期譲渡所得の区分が同一であるときは、当該対象譲渡に対応する金額から先に特別控除額の控除をするものとする。ただし、納税者が同条第2項各号に規定する譲渡に対応する金額から先に特別控除額の控除をして申告したときは、これを認める。

　なお、同条第1項の規定により、その年中にその該当することとなった全部の資産の譲渡に係る譲渡所得の金額から3,000万円（同条第4項の規定の適用がある場合には、次項に定める算式により計算した金額）を限度として控除することに留意する。

（相続人が3人以上であるときの同一年中に自己の居住用財産と被相続人の居住用財産の譲渡があった場合の特別控除額の金額）

35-7の2　相続又は遺贈による被相続人居住用家屋及び被相続人居住用家屋の敷地等の取得をした相続人の数が3人以上である場合における措

置法第35条第3項の規定の適用により控除される金額は2,000万円となるが、この場合において、相続人が同一年中に同条第2項各号に規定する譲渡及び対象譲渡をし、そのいずれの譲渡についても同条第1項の規定の適用を受ける場合の特別控除額の金額は、次の金額となるのであるから留意する。

(1)　短期譲渡所得の金額から控除される金額

　　「3,000万円」と「次に掲げる金額の合計額」とのいずれか低い金額。

　　ただし、ロの金額が2,000万円である場合には、被相続人の居住用財産の譲渡に係る短期譲渡所得の金額から措置法第35条第3項の規定の適用により控除される金額は、2,000万円が限度となる。

　イ　居住用財産の譲渡に係る短期譲渡所得の金額（短期譲渡所得の金額のうち措置法第35条第1項（同条第3項の規定により適用する場合を除く。）の規定に該当する資産の譲渡に係る部分の金額をいう。）

　ロ　次に掲げる金額のうちいずれか低い金額

　⑷　2,000万円

　㊀　被相続人の居住用財産の譲渡に係る短期譲渡所得の金額（短期譲渡所得の金額のうち措置法第35条第1項（同条第3項の規定により適用する場合に限る。）の規定に該当する資産の譲渡に係る部分の金額をいう。）

(2)　長期譲渡所得の金額から控除される金額

　　「3,000万円（上記(1)の短期譲渡所得の金額から控除される金額がある場合には、3,000万円からその短期譲渡所得の金額から控除される金額を控除した金額）」と「次に掲げる金額の合計額」とのいずれか低い金額。

　　ただし、ロの金額がロ⑷に掲げる金額である場合には、被相続人の居住用財産の譲渡に係る長期譲渡所得の金額から措置法第35条第3項

の規定の適用により控除される金額は、ロ(イ)に掲げる金額が限度となる。

イ 居住用財産の譲渡に係る長期譲渡所得の金額（長期譲渡所得の金額のうち措置法第35条第1項（同条第3項の規定により適用する場合を除く。）の規定に該当する資産の譲渡に係る部分の金額をいう。）

ロ 次に掲げる金額のうちいずれか低い金額

(イ) 2,000万円（上記(1)の被相続人の居住用財産の譲渡に係る短期譲渡所得の金額から措置法第35条第3項の規定により控除される金額がある場合には、2,000万円からその同項の規定により控除される金額を控除した金額）

(ロ) 被相続人の居住用財産の譲渡に係る長期譲渡所得の金額（長期譲渡所得の金額のうち措置法第35条第1項（同条第3項の規定により適用する場合に限る。）の規定に該当する資産の譲渡に係る部分の金額をいう。）

（相続財産に係る譲渡所得の課税の特例等との関係）

35－8 措置法第35条第3項に規定する譲渡につき、措置法第39条《相続財産に係る譲渡所得の課税の特例》の規定の適用を受ける場合には、当該譲渡については同項の規定の適用はないことに留意する。この場合において、当該譲渡した資産が居住用部分（相続の開始の直前（当該資産が措置法第35条第5項に規定する対象従前居住の用（以下35－22までにおいて「対象従前居住の用」という。）に供されていた資産である場合には、同項に規定する特定事由（以下35－22までにおいて「特定事由」という。）により当該資産が当該相続又は遺贈（贈与者の死亡により効力を生ずる贈与を含む。以下35－21までにおいて同じ。）に係る同項に規定する被相続人（以下35－22までにおいて「被相続人」という。）の

居住の用に供されなくなる直前。以下この項において同じ。）において当該被相続人の居住の用に供されていた部分をいう。以下この項において同じ。）と非居住用部分（相続の開始の直前において当該被相続人の居住の用以外の用に供されていた部分をいう。以下35－15までにおいて同じ。）とから成る被相続人居住用家屋（措置法第35条第5項に規定する被相続人居住用家屋をいう。以下35－21までにおいて同じ。）又は被相続人居住用家屋の敷地等（措置法第35条第5項に規定する被相続人居住用家屋の敷地等をいう。以下35－21までにおいて同じ。）である場合において、当該非居住用部分に相当するものの譲渡についてのみ措置法第39条の規定の適用を受けるときは、当該居住用部分に相当するものの譲渡については、当該非居住用部分に相当するものの譲渡につき同条の規定の適用を受ける場合であっても、当該居住用部分に相当するものの譲渡が措置法第35条第3項の規定による要件を満たすものである限り、同項の規定の適用があることに留意する。

（「被相続人居住用家屋及び被相続人居住用家屋の敷地等の取得をした個人」の範囲）

35－9　措置法第35条第3項及び第4項に規定する「相続又は遺贈による被相続人居住用家屋及び被相続人居住用家屋の敷地等の取得をした相続人」とは、相続又は遺贈により、被相続人居住用家屋と被相続人居住用家屋の敷地等の両方を取得した相続人に限られるから、相続又は遺贈により被相続人居住用家屋のみ又は被相続人居住用家屋の敷地等のみを取得した相続人は含まれないことに留意する。

（要介護認定等の判定時期）

35－9の2　被相続人が、措置法令第23条第8項第1号に規定する要介護

認定若しくは要支援認定又は同項第2号に規定する障害支援区分の認定を受けていたかどうかは、特定事由により被相続人居住用家屋が当該被相続人の居住の用に供されなくなる直前において、当該被相続人がこれらの認定を受けていたかにより判定することに留意する。

(特定事由により居住の用に供されなくなった時から相続の開始の直前までの利用制限)

35-9の3　措置法令第23条第9項第2号に規定する「事業の用、貸付けの用又は当該被相続人以外の者の居住の用に供されていたことがないこと」の要件の判定に当たっては、特定事由により被相続人居住用家屋が被相続人の居住の用に供されなくなった時から相続の開始の直前までの間に、当該被相続人居住用家屋が事業の用、貸付けの用又は当該被相続人以外の者の居住の用として一時的に利用されていた場合であっても、事業の用、貸付けの用又は当該被相続人以外の者の居住の用に供されていたこととなることに留意する。また、当該貸付けの用には、無償による貸付けも含まれることに留意する。

(譲渡の日の判定)

35-9の4　措置法第35条第3項に規定する「譲渡の日の属する年の翌年2月15日」とは、対象譲渡について同項の規定の適用を受ける者に係る所得税基本通達36-12《山林所得又は譲渡所得の総収入金額の収入すべき時期》に基づく収入すべき時期を「譲渡の日」とし、その日の属する年の翌年2月15日をいうことに留意する。

(「被相続人居住用家屋が耐震基準に適合することとなった場合」の意義)

35-9の5　措置法第35条第3項に規定する「被相続人居住用家屋が耐震

基準に適合することとなつた場合」とは、被相続人居住用家屋の譲渡の日から同日の属する年の翌年２月15日までの間に当該家屋を建築基準法施行令第３章及び第５章の４の規定又は国土交通大臣が財務大臣と協議して定める地震に対する安全性に係る基準（以下この項において「耐震基準」という。）に適合させるための工事が完了した場合をいうのであるが、同条第３項の規定を適用する場合は、当該工事の完了の日から当該譲渡の日の属する年分の確定申告書の提出の日までの間に、当該家屋が耐震基準に適合する旨の証明のための家屋の調査が終了し、又は平成13年国土交通省告示第1346号別表２－１の１－１耐震等級（構造躯体の倒壊等防止）に係る評価がされている必要があることに留意する。

（相続又は遺贈による被相続人居住用家屋及び被相続人居住用家屋の敷地等の取得をした相続人の数）

35－９の６　措置法第35条第４項の規定は、相続又は遺贈による被相続人居住用家屋及び被相続人居住用家屋の敷地等（以下この項において「被相続人居住用財産」という。）の取得をした相続人の数が３人以上である場合に適用されるのであるから、当該相続の時から当該相続に係る一の相続人がする対象譲渡の時までの間に、当該相続に係る他の相続人が被相続人居住用財産の共有持分につき譲渡、贈与又は当該他の相続人の死亡による相続若しくは遺贈があったことにより当該被相続人居住用財産を所有する相続人の数に異動が生じた場合であっても、当該相続又は遺贈による被相続人居住用財産の取得をした相続人の数の判定には影響を及ぼさないことに留意する。

（被相続人居住用家屋の範囲）

35－10　被相続人から相続又は遺贈により取得した家屋が、措置法第35条

第5項に規定する「相続の開始の直前において当該相続又は遺贈に係る被相続人の居住の用（対象従前居住の用を含む。）に供されていた家屋」に該当するかどうかの判定は、相続の開始の直前（当該家屋が対象従前居住の用に供されていた家屋である場合には、特定事由により当該家屋が被相続人の居住の用に供されなくなる直前）における現況に基づき、31の3－2に準じて取り扱うものとする。この場合において、当該被相続人の居住の用に供されていた家屋が複数の建築物から成る場合であっても、措置法令第23条第10項の規定により、それらの建築物のうち、当該被相続人が主としてその居住の用に供していたと認められる一の建築物のみが被相続人居住用家屋に該当し、当該一の建築物以外の建築物は、被相続人居住用家屋には該当しないことに留意する。

（建物の区分所有等に関する法律第1条の規定に該当する建物）

35－11　措置法第35条第5項第2号に規定する「建物の区分所有等に関する法律第1条の規定に該当する建物」とは、区分所有建物である旨の登記がされている建物をいうことに留意する。

（注）　上記の区分所有建物とは、被災区分所有建物の再建等に関する特別措置法（平成7年法律第43号）第2条に規定する区分所有建物をいうことに留意する。

（「被相続人以外に居住をしていた者」の範囲）

35－12　措置法第35条第5項第3号に規定する「当該被相続人以外に居住をしていた者」とは、相続の開始の直前（当該被相続人の居住の用に供されていた家屋が対象従前居住の用に供されていた家屋である場合には、特定事由により当該家屋が居住の用に供されなくなる直前）において、被相続人の居住の用に供されていた家屋を生活の拠点として利用してい

た当該被相続人以外の者のことをいい、当該被相続人の親族のほか、賃借等により当該被相続人の居住の用に供されていた家屋の一部に居住していた者も含まれることに留意する。

（被相続人居住用家屋の敷地等の判定等）

35－13 譲渡した土地等（土地又は土地の上に存する権利をいう。以下35－27までにおいて同じ。）が措置法第35条第5項に規定する「当該被相続人居住用家屋の敷地の用に供されていた土地」又は「当該土地の上に存する権利」に該当するかどうかは、社会通念に従い、当該土地等が相続の開始の直前（当該土地が対象従前居住の用に供されていた被相続人居住用家屋の敷地の用に供されていた土地である場合には、特定事由により当該家屋が被相続人の居住の用に供されなくなる直前。以下この項において同じ。）において被相続人居住用家屋と一体として利用されていた土地等であったかどうかにより判定することに留意する。この場合において、当該相続の開始の直前において、当該土地が用途上不可分の関係にある2以上の建築物のある一団の土地であった場合における当該土地は、措置法令第23条第11項の規定により、当該土地のうち、次の算式により計算した面積に係る土地の部分に限られることに留意する。

なお、これらの建築物について相続の時後（当該土地が対象従前居住の用に供されていた被相続人居住用家屋の敷地の用に供されていた土地である場合には、特定事由により当該家屋が被相続人の居住の用に供されなくなった時後）に増築や取壊し等があった場合であっても、次の算式における床面積は、相続の開始の直前における現況によることに留意する。

（算式）

$$\left(\begin{array}{c} \text{一団の} \\ \text{土地の} \\ \text{面積} \\ {}^{(注1)} \\ A \end{array} \times \dfrac{\text{相続の開始の直前における一団の土地にあった被相続人居住用家屋の床面積　B}}{\text{B}+\dfrac{}{}\text{相続の開始の直前における一団の土地にあった}\atop\text{被相続人居住用家屋以外の建築物}^{(注2)}\text{の床面積}} \right) \times \begin{array}{c} \text{譲渡した} \\ \text{土地等の} \\ \text{面積}^{(注3)} \\ \hline A \end{array}$$

（注）

1　被相続人以外の者が相続の開始の直前において所有していた土地等の面積も含まれる。

2　被相続人以外の者が所有していた建築物も含まれる。

3　被相続人から相続又は遺贈により取得した被相続人の居住の用に供されていた家屋の敷地の用に供されていた土地等の面積のうち、譲渡した土地等の面積による。

〔計算例〕

具体的な計算例を示すと次のとおりとなる。

〔設例1〕

相続の開始の直前において、被相続人が所有していた甲土地（1,000㎡）が、用途上不可分の関係にある2以上の建築物（被相続人が所有していた母屋：350㎡、離れ：100㎡、倉庫：50㎡）のある一団の土地であった場合（甲土地及びこれらの建築物について相続人Aが4分の3を、相続人Bが4分の1を相続し、相続人Aと相続人Bが共に譲渡したケース）

(1)　相続人Aが譲渡した土地（1,000㎡×3／4＝750㎡）のうち、被相続人居住用家屋の敷地等に該当する部分の計算

$$\left(1,000㎡ \times \dfrac{350㎡}{350㎡+(100㎡+50㎡)} \right) \times \dfrac{750㎡}{1,000㎡} = 525㎡$$

(2)　相続人Bが譲渡した土地（1,000㎡×1／4＝250㎡）のうち、被相

続人居住用家屋の敷地等に該当する部分の計算

$$\left(1,000\text{㎡} \quad \times \quad \frac{350\text{㎡}}{350\text{㎡} + (100\text{㎡} + 50\text{㎡})}\right) \quad \times \quad \frac{250\text{㎡}}{1,000\text{㎡}} \quad = \quad 175\text{㎡}$$

〔設例2〕

相続の開始の直前において、被相続人が所有していた甲土地（800㎡）と乙土地（200㎡）が、用途上不可分の関係にある2以上の建築物（被相続人が所有していた母屋：350㎡、離れ：100㎡、倉庫：50㎡）のある一団の土地であった場合（甲土地は相続人Aが、乙土地は相続人Bが、これらの建築物は相続人Aのみが相続し、相続人Aと相続人Bが共にその全てを譲渡したケース）

(1)　相続人Aが譲渡した甲土地（800㎡）のうち、被相続人居住用家屋の敷地等に該当する部分の計算

$$\left(1,000\text{㎡} \quad \times \quad \frac{350\text{㎡}}{350\text{㎡} + (100\text{㎡} + 50\text{㎡})}\right) \quad \times \quad \frac{800\text{㎡}}{1,000\text{㎡}} \quad = \quad 560\text{㎡}$$

(2)　相続人Bは、被相続人からの相続により乙土地（200㎡）は取得したが、被相続人居住用家屋を取得していないため、措置法第35条第3項の規定の適用を受けることはできない。

〔設例3〕

相続の開始の直前において、被相続人が所有していた甲土地（400㎡）と相続人Aが所有していた乙土地（600㎡）が、用途上不可分の関係にある2以上の建築物（被相続人と相続人Aが共有（それぞれ2分の1）で所有していた母屋：350㎡、被相続人が単独で所有していた離れ：100㎡、倉庫：50㎡）のある一団の土地であった場合（相続人Aが全てを相続し、更地とした上、甲土地及び乙土地を譲渡したケース）

(1)　相続人Aが譲渡した甲土地（400㎡）及び乙土地（600㎡）のうち、被相続人居住用家屋の敷地等に該当する部分の計算

$$\left(1,000\text{m}^2 \times \frac{350\text{m}^2}{350\text{m}^2 + (100\text{m}^2 + 50\text{m}^2)}\right) \times \frac{400\text{m}^2}{1,000\text{m}^2} = 280\text{m}^2$$

(2) 相続人Aが譲渡した乙土地（600m²）については、被相続人から相続又は遺贈により取得したものではないため、措置法第35条第3項の規定の適用を受けることはできない。

（用途上不可分の関係にある2以上の建築物）

35-14　措置法令第23条第11項に規定する「用途上不可分の関係にある2以上の建築物」とは、例えば、母屋とこれに附属する離れ、倉庫、蔵、車庫のように、一定の共通の用途に供せられる複数の建築物であって、これを分離するとその用途の実現が困難となるような関係にあるものをいい、同条第10項に規定する「被相続人が主としてその居住の用に供していたと認められる一の建築物」と他の建築物とが用途上不可分の関係にあるかどうかは、社会通念に従い、相続の開始の直前（当該一の建築物が対象従前居住の用に供されていた家屋である場合には、特定事由により当該家屋が被相続人の居住の用に供されなくなる直前）における現況において判定することに留意する。この場合において、これらの建築物の所有者が同一であるかどうかは問わないことに留意する。

（被相続人居住用家屋が店舗兼住宅等であった場合の居住用部分の判定）

35-15　措置法第35条第3項第1号及び第3号に規定する被相続人居住用家屋又は同項各号に規定する被相続人居住用家屋の敷地等のうちに非居住用部分がある場合における措置法令第23条第4項各号及び第5項各号に規定する「被相続人の居住の用に供されていた部分」の判定については、当該相続の開始の直前（当該被相続人居住用家屋が対象従前居住の用に供されていた家屋である場合には、特定事由により当該家屋が被相

続人の居住の用に供されなくなる直前。以下この項において同じ。）における利用状況に基づき、31の3－7に準じて判定するものとする。したがって、譲渡した被相続人居住用家屋の床面積が、相続の時後（当該被相続人居住用家屋が対象従前居住の用に供されていた家屋である場合には、特定事由により当該家屋が被相続人の居住の用に供されなくなった時後）に行われた増築等により増減した場合であっても、当該相続の開始の直前における当該被相続人居住用家屋の床面積を基に行うことに留意する。

　なお、これにより計算した「被相続人の居住の用に供されていた部分」の面積が当該被相続人居住用家屋又は当該被相続人居住用家屋の敷地等の面積のおおむね90％以上となるときは、31の3－8に準じて取り扱って差し支えない。

（相続の時から譲渡の時までの利用制限）

35－16　措置法第35条第3項第1号イ、第2号イ及びロ並びに第3号に規定する「事業の用、貸付けの用又は居住の用に供されていたことがないこと」の要件の判定に当たっては、相続の時から譲渡の時までの間に、被相続人居住用家屋又は被相続人居住用家屋の敷地等が事業の用、貸付けの用又は居住の用として一時的に利用されていた場合であっても、事業の用、貸付けの用又は居住の用に供されていたこととなることに留意する。また、当該貸付けの用には、無償による貸付けも含まれることに留意する。

（被相続人居住用家屋の敷地等の一部の譲渡）

35－17　相続人が、相続又は遺贈により取得をした被相続人居住用家屋の敷地等の一部を区分して譲渡をした場合には、次の点に留意する。

(1)　当該譲渡が措置法第35条第3項第2号に掲げる譲渡に該当するとき
　　であっても、当該相続人が当該被相続人居住用家屋の敷地等の一部の
　　譲渡について既に同項の規定の適用を受けているときは、同項の規定
　　の適用を受けることはできない。

(2)　現に存する被相続人居住用家屋に係る被相続人居住用家屋の敷地等
　　の一部の譲渡である場合

　イ　当該譲渡が当該被相続人居住用家屋の譲渡とともに行われたもの
　　　であるとき

　　　当該譲渡は措置法第35条第3項第1号又は第3号に掲げる譲渡に
　　該当する。

　ロ　当該譲渡が当該被相続人居住用家屋の譲渡とともに行われたもの
　　　でないとき

　　　当該譲渡は措置法第35条第3項各号に掲げる譲渡には該当しない。

(3)　当該被相続人居住用家屋の全部の取壊し、除却又は滅失をした後に
　　おける当該被相続人居住用家屋の敷地等の一部の譲渡である場合

　イ　当該被相続人居住用家屋の敷地等を単独で取得した相続人がその
　　　取得した敷地等の一部を譲渡したとき

　　　措置法第35条第3項第2号に掲げる要件は、当該相続人が相続又
　　は遺贈により取得した被相続人居住用家屋の敷地等の全部について
　　満たしておく必要があることから、当該被相続人居住用家屋の敷地
　　等のうち譲渡していない部分についても、同号ロ及びハに掲げる要
　　件を満たさない限り、当該譲渡は同号に掲げる譲渡に該当しない。

　　（注）　被相続人居住用家屋の敷地等のうち当該相続人以外の者が相
　　　　　続又は遺贈により単独で取得した部分があるときは、当該部分
　　　　　の利用状況にかかわらず、当該相続人が相続又は遺贈により取
　　　　　得した被相続人居住用家屋の敷地等の全部について同号ロ及び

　　　　ハに掲げる要件を満たしている限り、当該譲渡は同号に掲げる
　　　　譲渡に該当する。

　ロ　当該被相続人居住用家屋の敷地等を複数の相続人の共有で取得し
　　　た相続人がその共有に係る一の敷地について、共有のまま分筆した
　　　上、その一部を譲渡したとき

　　　　措置法第35条第3項第2号に掲げる要件は、当該相続人が相続又
　　　は遺贈により共有で取得した当該分筆前の被相続人居住用家屋の敷
　　　地等の全部について満たしておく必要があることから、当該被相続
　　　人居住用家屋の敷地等のうち譲渡していない部分についても同号ロ
　　　及びハに掲げる要件を満たさない限り、当該譲渡は同号に掲げる譲
　　　渡に該当しない。

　（注）　譲渡した土地等が当該被相続人居住用家屋の敷地の用に供さ
　　　　れていた土地等に該当するかどうかは、35-13に定めるところ
　　　　により判定する。

（対象譲渡について措置法第35条第3項の規定を適用しないで申告した場合）

35-18　相続人が被相続人居住用家屋又は被相続人居住用家屋の敷地等の
　　　一部の対象譲渡（以下この項において「当初対象譲渡」という。）をし
　　　た場合において、当該相続人の選択により、当該当初対象譲渡について
　　　措置法第35条第3項の規定の適用をしないで確定申告書を提出したとき
　　　は、例えば、その後において当該相続人が行った当該被相続人居住用家
　　　屋又は被相続人居住用家屋の敷地等の一部の対象譲渡について同項の規
　　　定の適用を受けないときであっても、当該相続人が更正の請求をし、又
　　　は修正申告書を提出するときにおいて、当該当初対象譲渡について同項
　　　の規定の適用を受けることはできないことに留意する。

（譲渡の対価の額）

35−19　措置法第35条第3項に規定する「譲渡の対価の額」とは、例えば譲渡協力金、移転料等のような名義のいかんを問わず、その実質においてその譲渡をした被相続人居住用家屋又は被相続人居住用家屋の敷地等の譲渡の対価たる金額をいうことに留意する。

（その譲渡の対価の額が1億円を超えるかどうかの判定）

35−20　相続又は遺贈により被相続人居住用家屋及び被相続人居住用家屋の敷地等の取得をした相続人が譲渡した譲渡資産（措置法第35条第3項各号に規定する被相続人居住用家屋又は被相続人居住用家屋の敷地等をいう。以下この項において同じ。）の譲渡対価の額（同条第3項に規定する譲渡の対価の額をいう。以下この項において同じ。）が1億円を超えるかどうかの判定は、次により行うことに留意する。また、同条第6項に規定する居住用家屋取得相続人（以下35−25までにおいて「居住用家屋取得相続人」という。）が対象譲渡資産一体家屋等（同項に規定する「対象譲渡資産一体家屋等」をいう。35−22において同じ。）の適用前譲渡（同項に規定する「適用前譲渡」をいう。以下35−25までにおいて同じ。）又は適用後譲渡（同条第7項に規定する「適用後譲渡」をいう。以下35−25までにおいて同じ。）をしているときの同条第6項又は第7項の規定における1億円を超えるかどうかについては、当該譲渡対価の額と適用前譲渡に係る対価の額との合計額又は適用後譲渡に係る対価の額と当該譲渡対価の額（適用前譲渡がある場合には、当該譲渡対価の額と適用前譲渡に係る対価の額との合計額）との合計額で判定することに留意する。

(1)　譲渡資産が共有である場合は、被相続人から相続又は遺贈により取得した共有持分に係る譲渡対価の額により判定する。

（注）　当該譲渡資産に係る他の共有持分のうち居住用家屋取得相続人
の共有持分については、適用前譲渡に係る対価の額となることに
留意する。

(2)　譲渡資産が相続の開始の直前（当該譲渡資産が対象従前居住の用に
供されていた家屋又はその敷地の用に供されていた土地等である場合
には、特定事由により当該家屋が被相続人の居住の用に供されなくな
る直前。以下この項において同じ。）において店舗兼住宅等及びその
敷地の用に供されていた土地等である場合は、被相続人の居住の用に
供されていた部分に対応する譲渡対価の額により判定し、この場合の
譲渡対価の額の計算については、次の算式により行う。

イ　当該家屋のうち相続の開始の直前において被相続人の居住の用に
供されていた部分の譲渡対価の額の計算

当該家屋の譲渡価額 × $\dfrac{35-15により31の3-7に準じて計算した被相続人の居住の用に供されていた部分の床面積}{相続の開始の直前における当該家屋の床面積}$

ロ　当該土地等のうち相続の開始の直前において被相続人の居住の用
に供されていた部分の譲渡対価の額の計算

当該土地等の譲渡価額 × $\dfrac{35-15により31の3-7に準じて計算した被相続人の居住の用に供されていた部分の面積}{相続の開始の直前における当該土地等の面積}$

ただし、これにより計算した被相続人の居住の用に供されていた
部分がそれぞれ当該家屋又は当該土地等のおおむね90％以上である
場合において、31の3-8に準じて当該家屋又は当該土地等の全部
をその居住の用に供している部分に該当するものとして取り扱うと
きは、当該家屋又は当該土地等の全体の譲渡価額により判定する。

（注）　譲渡した被相続人居住用家屋の敷地等が措置法令第23条第11

項に規定する用途上不可分の関係にある２以上の建築物のある
一団の土地であった場合は、当該被相続人居住用家屋の敷地等
に係る譲渡対価の額は、35−13の算式により計算した面積に係
る部分となることに留意する。

（居住用家屋取得相続人の範囲）

35−21　「居住用家屋取得相続人」には、措置法第35条第３項の規定の適
用を受ける相続人を含むほか、当該相続又は遺贈により被相続人居住用
家屋のみ又は被相続人居住用家屋の敷地等のみの取得をした相続人も含
まれることに留意する。したがって、例えば、被相続人居住用家屋の敷
地等のみを相続又は遺贈により取得した者が、当該相続の時から同項の
規定の適用を受ける者の対象譲渡をした日以後３年を経過する日の属す
る年の12月31日までに行った当該被相続人居住用家屋の敷地等の譲渡は、
適用前譲渡又は適用後譲渡に該当する。

（「対象譲渡資産一体家屋等」の判定）

35−22　居住用家屋取得相続人がその相続の時から措置法第35条第３項の
規定の適用を受ける者の対象譲渡をした日以後３年を経過する日の属す
る年の12月31日までの間に譲渡をした資産（以下この項において「譲渡
資産」という。）が「対象譲渡資産一体家屋等」に該当するかどうかは、
社会通念に従い、対象譲渡をした資産と一体として被相続人の居住の用
（特定事由により被相続人居住用家屋が当該相続の開始の直前において
当該被相続人の居住の用に供されていなかった場合（措置法令第23条第
９項各号に掲げる要件を満たす場合に限る。）には同項第１号に規定す
る用途）に供されていたものであったかどうかを、相続の開始の直前の
利用状況により判定することに留意する。また、この判定に当たっては、

次の点に留意する。

⑴　居住用家屋取得相続人が相続の開始の直前において所有していた譲渡資産もこの判定の対象に含まれること。

⑵　譲渡資産の相続の時後における利用状況はこの判定には影響がないこと。

⑶　措置法第35条第3項の規定の適用を受けるためのみの目的で相続の開始の直前に一時的に当該居住の用以外の用に供したと認められる部分については、「対象譲渡資産一体家屋等」に該当すること。

⑷　譲渡資産が対象譲渡をした資産と相続の開始の直前において一体として利用されていた家屋の敷地の用に供されていた土地等であっても、当該土地が用途上不可分の関係にある2以上の建築物のある一団の土地であった場合は、措置法令第23条第13項において読み替えて準用する同条第11項の規定により計算した面積に係る土地等の部分のみが、「対象譲渡資産一体家屋等」に該当すること。

　　（注）　対象譲渡をした資産と相続の開始の直前において一体として利用されていた家屋は、措置法令第23条第13項において読み替えて準用する同条第10項の規定により、当該相続の開始の直前（当該家屋が対象従前居住の用に供されていた家屋である場合には、特定事由により当該家屋が被相続人の居住の用に供されなくなる直前）において当該被相続人が主として居住の用に供していた一の建築物に限られる。

⑸　譲渡資産が相続の開始の直前において被相続人の店舗兼住宅等又はその敷地の用に供されていた土地等であった場合における非居住用部分（相続の開始の直前において当該被相続人の居住の用以外の用に供されていた部分をいう。）に相当するものもこの判定に含まれること。

(「適用後譲渡」の判定)

35−23　居住用家屋取得相続人が行った譲渡が適用後譲渡に該当するかどうかの判定をする場合において、措置法第35条第3項の規定の適用を受ける相続人が複数いるときは、各人の対象譲渡ごとに行うことに留意する。

(被相続人の居住用財産の一部を贈与している場合)

35−24　措置法令第23条第15項に規定する「贈与（著しく低い価額の対価による譲渡を含む。）の時における価額」とは、その贈与の時又はその著しく低い価額の対価による譲渡の時における通常の取引価額をいうことに留意する。

　　　なお、その譲渡が、著しく低い価額の対価による譲渡に該当するかどうかは、その譲渡の時における通常の取引価額の2分の1に相当する金額に満たない金額による譲渡かどうかにより判定することに留意する。

(適用前譲渡又は適用後譲渡をした旨等の通知がなかった場合)

35−25　措置法第35条第3項の規定の適用を受けようとする者から同条第8項前段の通知を受けた居住用家屋取得相続人で適用前譲渡をしている者又は適用後譲渡をした者から、当該通知をした者に対する同項後段に規定する通知がなかったとしても、同条第6項又は第7項の規定により、適用前譲渡に係る対価の額と対象譲渡に係る対価の額との合計額又は適用後譲渡に係る対価の額と対象譲渡に係る対価の額（適用前譲渡がある場合には、その対象譲渡に係る対価の額と適用前譲渡に係る対価の額との合計額）との合計額が1億円を超えることとなったときは、同条第3項の規定の適用はないことに留意する。

（登記事項証明書で特例の対象となる被相続人居住用財産であることについての証明ができない場合）

35－26　譲渡した資産が、措置法第35条第3項の規定の適用対象となる被相続人居住用財産の要件（措置法規則第18条の2第2項第2号イ(2)(i)から(iii)までに掲げる事項に限る。）に該当することについて、同号イ(2)に規定する登記事項証明書では証明することができない場合には、例えば、次に掲げる書類で同号イ(2)(i)から(iii)までに掲げる事項に該当するものであることを明らかにするものを確定申告書に添付した場合に限り、措置法第35条第3項の規定の適用があることに留意する。

(1)　同号イ(2)(i)に掲げる事項を証する書類　遺産分割協議書

(2)　同号イ(2)(ii)に掲げる事項を証する書類　確認済証（昭和56年5月31日以前に交付されたもの）、検査済証（当該検査済証に記載された確認済証交付年月日が昭和56年5月31日以前であるもの）、建築に関する請負契約書

(3)　同号イ(2)(iii)に掲げる事項を証する書類　固定資産課税台帳の写し

（居住用財産を譲渡した場合の長期譲渡所得の課税の特例に関する取扱いの準用）

35－27　その者が譲渡した家屋又は土地等が措置法第35条第3項に規定する譲渡に該当するかどうかの判定等については、31の3－11及び31の3－20から31の3－25までに準じて取り扱うものとする。

【著者紹介】 税理士・不動産鑑定士　松本　好正（まつもと　よしまさ）

平成10年7月　東京国税局　課税第一部国税訟務官室
平成15年7月　東京国税局　課税第一部資産評価官付
平成17年7月　板橋税務署　資産課税部門を経て
平成19年8月　松本税理士・不動産鑑定士事務所設立
現在、東京税理士会麻布支部会員及び公益社団法人日本不動産鑑定士協会連合
会会員、税務大学校講師

〔著書〕
『非上場株式等についての特例納税猶予制度の申告の手引』（大蔵財務協会）
『相続財産調査・算定等の実務』（新日本法規）相続財産調査実務研究会　編集
『ケース・スタディ相続財産評価マニュアル』（新日本法規）相続財産評価実務研究会
　編集
『基礎控除引下げ後の相続税税務調査対策の手引』（新日本法規）共著
『Q＆A　市街地周辺土地の評価』（大蔵財務協会）
『実践　土地有効活用　所法58条の交換・先有地の解消（分割）・立体買換えに係る実務
とQ＆A』（税務研究会）
『「無償返還」「相当の地代」「使用貸借」等に係る借地権課税のすべて』（税務研究会）
『非上場株式評価のQ＆A』（大蔵財務協会）
『非上場株式の評価の仕方と記載例』（大蔵財務協会）
『相続税法特有の更正の請求の実務』（大蔵財務協会）
『立体買換と事業用資産の買換えの税務』（大蔵財務協会）
『Q＆Aと解説で分かる‼　実務に役立つ土地の貸借等の評価』（大蔵財務協会）
『事例と解説による　みなし贈与課税の実務』（大蔵財務協会）

〔主な執筆〕
庄司範秋　編　『平成15年版　相続税／贈与税　土地評価の実務』（大蔵財務協会）
北本高男／庄司範秋　共編　『平成16年版　回答事例による資産税質疑応答集』（大蔵
財務協会）
板垣勝義　編　『平成17年版　図解　財産評価』（大蔵財務協会）
板垣勝義　編　『平成17年版　株式・公社債評価の実務』（大蔵財務協会）
（いずれも共同執筆）

事例解説　専門家が教える空き家の売り方
空き家の譲渡所得に係る課税特例のすべて

令和6年1月22日　初版印刷
令和6年2月9日　初版発行

不　許
複　製

著　者　　松　本　好　正

発行者　　（一財）大蔵財務協会　理事長
木　村　幸　俊

発行所　　一般財団法人　大蔵財務協会

〔郵便番号　130-8585〕
東京都墨田区東駒形1丁目14番1号
（販　売　部）TEL03（3829）4141・FAX03（3829）4001
（出版編集部）TEL03（3829）4142・FAX03（3829）4005
https://www.zaikyo.or.jp

乱丁、落丁の場合は、お取替えいたします。　　　印刷・三松堂㈱
ISBN978-4-7547-3202-8